Nadia Bolz-Weber

UNVERSCHÄMT SCHAMLOS

Mein Plädoyer für eine sexuelle Reformation

Bibliografische Informationen der Deutschen Nationalbibliothek
Die Deutsche Nationalbibliothek verzeichnet diese Publikation in der Deutschen Nationalbibliografie; detaillierte bibliografische Daten sind im Internet über http://dnb.d-nb.de abrufbar.

Die amerikanische Originalausgabe erschien unter dem Titel „Shameless“ im Verlag Convergent Books, New York. Convergent Books is a registered trademark of Penguin Random House LLC. Published by arrangement with Convergent Books, an imprint of Random House, a division of Penguin Random House LLC.
Das Werk wurde vermittelt durch die Literaturagentur Liepman AG, Zürich.

1. Auflage 2019
ISBN 978-3-96140-116-1

Umschlaggestaltung: Silja Dreyer
Coverabbildung: shutterstock 1981 Rustic studio Kan
Satz: Brendow Verlag, Moers
Druck und Verarbeitung: CPI-Clausen & Bosse, Leck
Printed in Germany

www.brendow-verlag.de

NADIA BOLZ-WEBER

UNVERSCHÄMT
SCHA LOS

Mein Plädoyer für eine sexuelle Reformation

Aus dem amerikanischen Englisch
von Christian Rendel

Brendow

Für E. B.

Inhalt

VORBEMERKUNG

In diesem Buch erzähle ich Geschichten aus meinem Leben, so wie sie meiner Erinnerung entsprechen. Wie immer, wenn es um Vergangenes geht, kann es sein, dass ich eine Geschichte anders in Erinnerung behalten habe und wiedergebe oder dass meine Gemeindeglieder ihre Geschichten anders in Erinnerung haben und erzählen, als dieselben Ereignisse Dritten im Gedächtnis geblieben sind. In einigen Fällen habe ich verräterische Einzelheiten verändert, um die Identität von Personen zu schützen, und manchmal habe ich zeitliche Abläufe zugunsten des Erzählflusses gerafft. Die Geschichten von meinen Gemeindegliedern gebe ich mit deren Einverständnis wieder.

Außerdem möchte ich, dass du weißt, dass in meinen Interviews Erlebnisse von sexuellem Missbrauch in beunruhigender Regelmäßigkeit zur Sprache gekommen sind. Ich bin nicht dafür qualifiziert, dieses Übel im Rahmen meines Buches zu behandeln, aber ich komme auch nicht umhin, es zumindest zu erwähnen.

Am Ende dieses Buches findest du eine kurze Liste mit Büchern, Lehrgängen und Pädagogen, die dir helfen können, über deine Erfahrungen zu sprechen und die anderer zu hören. Ich hatte eine Riesenangst, als wir anfingen in unserer Kirche, über Sex und Glaube zu sprechen. Aber es war großartig. Wage es auch du!

INVOKATION

Die Gnade unseres Herrn Jesus Christus,
die Liebe Gottes und die Gemeinschaft des
Heiligen Geistes sei mit euch allen.

Und auch mit dir.

In der Woche, in der der US-amerikanische Sänger Prince starb, flog ich nach Charlotte in North Carolina, wo ich vor einer Gruppe Methodisten sprechen sollte. In derselben Woche beschloss das Parlament des Staates North Carolina das sogenannte Toilettengesetz, wonach jede Person die Toilette zu benutzen hat, die dem Geschlecht entspricht, das auf ihrem Führerschein eingetragen ist. Als ich mein Handgepäck unter dem Sitz vor mir verstaute, dachte ich über dieses scheußliche Gesetz nach und über den kleinen Plan, den ich mir ausgedacht hatte, um dagegen zu protestieren. In meiner Tasche hatte ich eine Rolle transparentes Klebeband und ein halbes Dutzend Blätter Papier, allesamt Seiten füllend bedruckt in Lila mit dem androgynen Symbol für Princes Namen.

Die Maschine startete und ich schaute aus dem Fenster. Wir flogen über die trockenen Ebenen im Osten Colorados, zehntausend Meter über dem Muster aus grünen und braunen Kreisen, der Geometrie des industriellen Ackerbaus. Als Städterin, die keine Ahnung von der Landwirtschaft hat, fand ich diese grünen Kreise schon immer rätselhaft. *Warum pflanzen Bauern in quadratisch und rechteckig angelegten Feldern das Getreide kreisrund an?*

Später forschte ich nach und fand heraus, dass im Jahr 1940, nur neunundzwanzig Meilen von der Stelle entfernt, wo mein Flieger sich in den klaren Himmel über Colorado emporschwang, ein Mann namens Frank Zybach das sogenannte Karussellbewässerungssystem erfunden und damit die Landwirtschaft in Amerika mehr oder weniger revolutioniert hatte. Bei diesem System dreht sich die Bewässerungsanlage um eine senkrechte Achse, sodass kreisförmig eine Fläche beregnet wird. Das Getreide wird also nicht kreisförmig angepflanzt, es wird nur so bewässert. Und die Pflanzen in den Ecken der Felder kriegen kein Wasser ab.

Als ich dann am Flughafen in Charlotte ankam, nahm ich mein Projekt in Angriff und überklebte die Toilettenschilder für „Herren“ und „Damen“ mit meinen lilafarbenen Prince-Symbolen. Anschließend ging ich in die Kirche.

Am Tag nach meiner Rückkehr saß ich im „*House for All Sinners and Saints*“ (HFASS – Kirche für alle Sünder und Heilige), der Gemeinde in Denver, deren Pastorin ich bin, vorne auf der Bühnenkante. Meghan aus meiner Gemeinde und ich beobachteten die Leute, die sich zu unserem monatlich stattfindenden Gemeindeessen versammelt hatten. An zwölf im Raum verteilten runden Tischen saßen wild zusammengewürfelte Grüppchen von Leuten jeden Alters sowie jeder sexuellen Orientierung und geschlechtlichen Identität; sie aßen ein Chili aus Styroporschüsseln.

Für Meghan – einer groß gewachsenen Transfrau mit langen, dünnen Haaren und einem Gesicht und einer Figur, die sie selbst nicht „passabel" findet – ist es aufgrund ihrer ausgeprägten Sozialphobie eine Zumutung, sich an einen dieser Tische zu setzen. Deshalb nimmt sie meist Platz auf der Bühnenkante. An manchen Sonntagen geselle ich mich zu ihr, statt mich ins Getümmel zu stürzen, und unterhalte mich mit ihr über Comics.

Als wir an diesem Tag dasaßen und unsere Beine von der Bühne baumeln ließen, sprach ich etwas an, was mir in letzter Zeit öfter durch den Kopf gegangen war: „Du, Meghan? Heute Morgen habe ich zum ersten Mal seit schätzungsweise vierzig Jahren in meinem alten christlichen Aufklärungsbuch geblättert."

Sie lachte.

Ich fuhr fort: „Darin steht, es sei Gottes Plan, dass alle Menschen heterosexuelle Cisgender[1]-Christen sind, die niemals

1 Der Ausdruck „Cisgender" bedeutet, dass das biologische Geschlecht einer Person, das ihr bei der Geburt zugewiesen wurde, ihrer Geschlechtsidentität entspricht. Das Gegenteil wird als Transgender bezeichnet.

mit jemandem Sex haben, bis sie ihre eine wahre Liebe heiraten und Kinder kriegen."

Wir mussten beide lachen. Dann schüttelte ich den Kopf und sagte: „Ich meine, ich glaube schon, dass es solche Leute wirklich gibt ..."

Meghan hob die Hand und legte ihren Daumen über ihre anderen lila lackierten Fingernägel. „Klar gibt es die. Und so klein ist dieser Kreis."

Wenn man einen Kreis zeichnen würde, der für alle Leute auf diesem Planeten steht, und dann dort hinein einen kleineren Kreis für all die Leute, die nach „Gottes Plan" leben, nun ja, dann würden nur sehr wenige Leute auf der Welt in *diesen* Kreis hineinpassen. Meghan passt nicht in diesen Kreis. Ich passe nicht in diesen Kreis. Und er schließt auch nicht die ein, die geschieden oder unglücklich verheiratet sind, und alle die, die vor der Ehe Sex haben, die masturbieren, die Asexuellen, Schwulen und Bisexuellen, alle, die keine Christen sind, alle mit einem nicht binären Geschlecht ...

Wenn das „Gottes Plan" ist, dann hat Gott schlecht geplant.

Vielleicht passt auch du nicht in diesen Kreis. Gott hat so viele von uns in Ecken gepflanzt; bis heute schließt uns die Karussellbewässerung der kirchlichen Lehre über Geschlecht und Sexualität aus. Uns wurde nämlich beigebracht, Gott hätte nichts übrig für solche Leute, die nicht in den Kreis des kirchlichen Verhaltenskodex passen. Folglich schnippelten wir uns so zurecht, dass wir zu diesen Lehren irgendwie passten, oder wir verleugneten gleich ganz etwas von unserem Selbst: das Wollüstige, das Versaute, das Schwule, das Ungewollt-Schwangere, das Unerfüllte.

Aber unsere Sexualität und unser Geschlecht machen uns ebenso aus wie unsere religiöse Erziehung. Doch diese Aspekte – unser Leben als sexuelle Wesen und unser Leben mit Gott – voneinander zu trennen, fühlt sich an, wie die eigene Psyche zu spalten oder wie eine musikalische Up-tempo-Sequenz, die sich ihrer Spannung niemals entlädt.

In meinen zehn Jahren als Pastorin im HFASS bin ich jungen Ehepaaren begegnet, die „gewartet" haben, wie die Kirche es ihnen gesagt hatte, nur um dann zu entdecken, dass sie an ihrem Hochzeitstag nicht auf einmal den Schalter in ihren Gehirnen umlegen und Sex als schön, natürlich und gottgegeben betrachten konnten, nachdem er für sie immer nur sündig und schmutzig gewesen war. Ich habe alleinstehende Frauen kennengelernt, die mit vierzig weder Sex hatten noch mit den Gefühlen, die eine sexuelle Beziehung mit sich bringt, emotional umgehen konnten. Ich bin Frauen mittleren Alters begegnet, die sich immer noch nicht überwinden konnten, ein Kleidungsstück mit V-Ausschnitt zu tragen, weil man ihnen als Jugendliche eingetrichtert hatte, sittsame Kleidung sei für Frauen der beste Schutz vor unerwünschten männlichen Annäherungsversuchen. Ich habe mit schwulen Männern gesprochen, die den sexuellen Missbrauch, der ihnen in der Kirche widerfahren ist, nie angezeigt haben, weil die Kirche ihnen gesagt hatte, es sei Sünde, schwul zu sein. Und ich habe Geschichten von Frauen gehört, die Vergewaltigung in der Ehe erduldet haben, nachdem sie mit zwanzig geheiratet haben (weil man ja zusieht, dass man möglichst schnell unter die Haube kommt, wenn man mit dem Sex bis zur Ehe warten muss), aber dann von ihrer Gemeinde zu hören bekamen, das sei ja eigentlich gar keine Vergewaltigung, weil in der Bibel doch irgendwo stehe, dass Frauen ihren Männern untertan sein sollen.

Es ist nicht sehr schwer, eine direkte Verbindung zu erkennen zwischen den Botschaften, die viele von uns in der Kirche gehört haben, und dem körperlichen wie seelischen Schaden, den wir dadurch erlitten haben. Mit diesem Buch will ich daher eins erreichen: Wir sollten einer Idee, einer kirchlichen Lehre oder der Auslegung eines Bibelverses gegenüber nicht loyaler sein als gegenüber *Menschen*. Denn fügen diese Lehren Menschen körperlichen wie seelischen Schaden zu, sollten wir sie überdenken.

Vor fünfhundert Jahren setzte sich Martin Luther sehr gründlich mit den schädlichen Einflüssen auf das geistliche Leben seiner Gemeindeglieder auseinander – besonders mit der qualvollen Mühe, die es ihnen bereitete, den heiligen Verpflichtungen nachzukommen, die von der Kirche für notwendig erachtet wurden, um einen zornigen Gott zu besänftigen. Als er das erkannte, wagte Luther einen Gedanken, nämlich dass das Evangelium – die Geschichte von Gott, der in Jesus von Nazareth zu den Menschen kam und Worte des Lebens brachte – seine

Gemeindeglieder von dem Schaden befreien könne, den ihre eigene Kirche ihnen zugefügt hatte. Luther war den Lehren der Kirche gegenüber weniger loyal als gegenüber den *Menschen*, und das war einer der Auslöser für die protestantische Reformation.

Ich weiß, es gibt sicher Leute, die keine Neigung haben, ihre Vorstellungen von Sexualethik, Gender, sexueller Orientierung, außerehelichem Sex und dem Guten des menschlichen Körpers zu überdenken. Manche Leute, die dies lesen, werden vielleicht ihr eigenes Leben betrachten und sich in ihren Gemeinden umschauen und nur glückliche, heterosexuelle Paare sehen, die ein erfülltes monogames Sexleben haben und rundum glücklich und zufrieden sind, gemäß „Gottes besonderem Plan für die Menschen zu leben". Keine Ahnung. Vielleicht. Ich gehe ja nicht in deine Gemeinde und ich lebe nicht dein Leben. Wenn also die Lehren der Kirche über Sex und den eigenen Umgang mit dem Körper in deinem Umfeld keinen Schaden angerichtet und dir sogar einen Weg gezeigt haben, um als Mensch wahrhaft aufzublühen, dann ist dieses Buch wahrscheinlich nichts für dich. (Doch keine Sorge: In der Blase der christlichen Bücherwelt findest du reichlich Lesestoff, der dich in deinen Überzeugungen festigen und bestärken wird.)

Dieses Buch richtet sich an alle anderen.

Es ist, so hoffe ich, Wasser für diejenigen, die in den Ecken stehen.

Es ist für alle, die aus ihrem Liebesleben ein Geheimnis machen. Für alle, die brav waren und in den Augen der Kirche alles richtig gemacht haben, aber in ihrem Sexleben immer noch nichts von dem Feuerwerk und dem Zauber spüren, die ihnen versprochen wurden, wenn sie nur „warteten".

Es ist für die Eltern des schwulen Sohnes, die Eltern, die ihn lieben und unterstützen, weil sie wissen, dass er weder ein Fehler ist noch ein abartiger Sünder, und die wegen dieser Unterstützung selbst zu Außenseitern in ihrer eigenen Gemeinde geworden sind.

Dieses Buch ist für alle, die sich je wegen ihrer sexuellen Natur geschämt haben, weil jemand ihnen etwas im Namen Gottes gesagt hat. Für alle, die sich vom Christentum abgewandt haben, aber insgeheim doch noch an Jesus hängen.

Dieses Buch ist für alle, die traditionelle Lehren der Kirche über Sex an ihre eigenen Kinder weitergegeben haben und es nun bereuen. Dieses Buch ist für die frisch geschiedenen Männer und Frauen, die den Wunsch haben, fürsorgliche und rücksichtsvolle Liebhaber zu sein, aber sich fragen: *Gelten für mich jetzt immer noch die Regeln, die ich in der Jugendgruppe gelernt habe?*

Dieses Buch ist für die jungen Evangelikalen, die stillschweigend nicht einverstanden sind mit der Haltung ihrer Gemeinde zu Sex und sexueller Orientierung, aber sich in ihrem Schweigen allein fühlen. Dieses Buch ist für alle, die sich, und sei es nur unbewusst, fragen: *Hat sich die Kirche mit alledem zu sehr gequält? Glauben wir wirklich, dass wir es richtig gemacht haben?*

Ich bin der festen Überzeugung, dass die Kirche es absolut *nicht* richtig gemacht hat.

Aber fairerweise muss ich ergänzen, dass Religion nicht die einzige Quelle schädlicher Botschaften über Sex und Körperlichkeit ist. Denn wie in der Kirche spielt in unserer westlichen Kultur Sex eine gewichtige Rolle. Sex wird dort vermarktet mit seinen ganz eigenen entwürdigenden Ideen über Wert und Geltung. Auch diese Kultur zieht einen engen Kreis, zum Beispiel um jene Körper, die sie als begehrenswert erachtet – mit ebenmäßigem Teint, einer idealen Beinlänge, einem ausgewogenen Verhältnis von Fett und Muskulatur, einer bestimmten Augenform – und solchen, die sie als nicht begehrenswert ausschließt. Viele Menschen sind ständig dabei auszuloten, wie nah sie an diesem Ideal dran sind oder wie weit davon entfernt, weil sie wissen, sie werden nicht mehr gesehen und wahrgenommen, sobald sie zu alt werden, zu dick, zu durchschnittlich, um in diesen kleinen Kreis der Begehrenswerten zu passen.

In Verbindung mit der allgegenwärtigen Lüge vom *Nicht-genug-Sein* – wir haben nicht genug Sex, wir haben einen Partner, der nicht sexy genug ist, ein Leben, das nicht aufregend genug ist – kann uns das die Fähigkeit rauben, unseren Körper, unsere Beziehungen und unser reales Leben wirklich zu genießen.

Aber ich werde mich nicht der Sünde des falschen Vergleichs hingeben. Wenn ich sage, dass sowohl die Kirche als auch unsere Kultur Schaden anrichten können, dann bedeutet das nicht, dass diese beiden Arten von Schaden gleichwertig wären. Das sind sie nämlich nicht. Denn so schädlich die Botschaften auch sind, die Gesellschaft behauptet letztlich nicht, sie kämen von *Gott.*

Schließlich versucht die Kultur mir nicht einzureden, der Schöpfer des Universums sei angewidert von meiner Cellulitis.

Worauf will ich hinaus?

Nun, ich möchte, dass wir gemeinsam die Dinge noch einmal unter die Lupe nehmen, die uns die Kirche gelehrt hat und die wir verinnerlicht haben. Wir schauen uns das Schädliche an, das im Namen Gottes verursacht wurde, aber bleiben dabei nicht stehen, denn unser Ziel muss eine neue christliche Sexualethik sein.

In den letzten beinahe zwei Jahren habe ich viele meiner Gemeindeglieder interviewt und sie sind zu Protagonisten dieses Buches geworden.[2] Außerdem habe ich auch Geschichten aus meinem eigenen Leben gesammelt, christliche Aufklärungsbücher gelesen, bin in den einen oder anderen Kaninchenbau abgetaucht (die Abstinenzbewegung, das Vermächtnis der Kirchenväter, die wenig bekannten Hintergründe, wie es dazu kam, dass sich die Evangelikalen das Thema Abtreibung auf die Fahnen schrieben), habe Bibeltexte studiert und Theologisches nachgelesen und meine Freunde damit genervt, länger als für sie ertragbar auf einem einzigen Gesprächsthema herumzureiten.

---

2 Die Interviews, die als Fallstudien für dieses Buch dienten, wurden ausschließlich mit Leuten aus dem House for all Sinners and Saints geführt. Insofern sind diese Geschichten nicht repräsentativ für irgendetwas außer dem, was die Leute in einer einzigen Gemeinde mir erzählt haben. Meine Hoffnung ist, dass auch andere christliche Gemeinschaften, die eine größere Bandbreite an Erfahrungen und sozialen Zusammensetzungen repräsentieren, ähnliche Gespräche führen und weitergeben, was sie dabei herausfinden.

Ich muss zugeben, ich habe dieses Buch nicht geschrieben, ich war von ihm besessen.

Wenn du es liest, mach dir bitte bewusst, dass ich dir hier meine besten und schwer erarbeiteten Ideen dazu biete, wie wir unser Denken über Sex neu ausrichten können. Und bei alldem hoffe ich, damit den Heilungsprozess all jener unter uns zu unterstützen, die durch die allgemeinen Lehren der Kirche oder auch durch unsere eigene Unfähigkeit, überhaupt über Sex zu reden, verletzt worden sind. Als Einzelne wie auch als Gemeinschaft geraten wir immer noch ins Stottern, wenn das Thema auf den Tisch kommt. Wir lassen uns immer noch durch verurteilende, beschämende Botschaften die Luft wegnehmen. Und wir machen es immer noch falsch.

Von vornherein solltest du noch wissen, dass es mir nicht möglich ist, jede sexuelle Erfahrung, Richtung oder Perspektive in diesem Buch zu behandeln. Es wird mir auch nicht gelingen, jeden Einwand gegen das, was ich geschrieben habe, vorherzusehen oder darauf einzugehen. Ich bin weder eine Sexualtherapeutin noch Historikerin, geschweige denn eine Bibelwissenschaftlerin oder Kulturkritikerin. Ich bin nur eine Pastorin, die sich Gedanken um all die schädlichen Einflüsse macht, die ich im Leben meiner Gemeindeglieder sehe, und die sich auch Gedanken um dich macht.

Ich habe im Grunde genommen nicht mal Antworten und auch keine aktualisierte Liste von guten und schlechten Verhaltensweisen. Dieses Buch versucht nicht, die Handvoll Bibelverse zurückzuerobern, die als Waffen eingesetzt worden sind. Es ist keine systematische Theologie des Sex.

Dieses Buch will lediglich Folgendes: Es ist ein DNA-Text für die eigenen Verletzungen, eine Kanüle, die wir uns in den Arm stechen, um Blut abzuzapfen und herauszufinden, woher wir gekommen sind, damit wir wissen, wie wir uns auf etwas Neues zubewegen können. Es verwebt Geschichten, Meinungen, Perspektiven, Geschichtliches, Dichtung und Heilige Schrift. Wie ein menschlicher Körper hat es eine Form.

Der atheistische Philosoph und Bestsellerautor Alain de Botton hält der Religion zugute, sie scheine immerhin die Wichtigkeit und die Macht des Sex zu verstehen.[3] Vielleicht. Sex ist ein so erheblicher Teil von uns. Wird er manipuliert, ausgebeutet oder verleugnet, kann das verheerende Folgen haben. Darum hat die Religion so oft versucht, Sex in seiner Macht einzudämmen, sei es durch den Zölibat, sittsame Kleidung, Keuschheitsgürtel, Genitalverstümmelung, Lügen über die Gefahren von Selbstbefriedigung, die Kindern eingetrichtert wurden, und alle möglichen

3 „Nur die Religionen nehmen Sex noch ernst. ... Religionen werden oft für ihre Prüderie verspottet, aber sie würden den Sex nicht ganz so schlecht beurteilen, wenn sie nicht auch verstünden, dass er ziemlich wunderbar sein könnte." Alain de Botton, „Twelve Rude Revelations About Sex", *Psychology Today*, 2. Januar 2013.

anderen Dinge. Doch für mich wirft das die Frage auf: Wenn die Religion der Ort war, in der die Macht des Sex am ehesten ernst genommen wurde, könnte sie dann nicht auch der Ort werden, an dem ein neues Gespräch darüber stattfindet? Eins, das nicht von Gesetzlichkeit und Anprangern überschattet ist und dabei dennoch nicht die Verderbtheit des Menschen ignoriert zugunsten einer irregeleiteten Vorstellung, wir seien zu vollkommener Selbstlosigkeit fähig?

Können wir, die wir in einer im weitesten Sinne christlichen Kultur, wenn auch nicht direkt in der Kirche aufgewachsen sind, Menschen sein, die sich für das sexuelle Wohlergehen aller einsetzen? Und wenn ja, wo finden wir Wegweisung dafür?

Orientierung könnte uns zum Beispiel die Definition der Weltgesundheitsorganisation für sexuelle Gesundheit geben:

... ein Zustand des körperlichen, emotionalen, mentalen und sozialen Wohlbefindens in Bezug auf die Sexualität und nicht nur das Fehlen von Krankheit, Funktionsstörungen oder Gebrechen. Sexuelle Gesundheit setzt eine positive und respektvolle Haltung zu Sexualität und sexuellen Beziehungen voraus sowie die Möglichkeit, angenehme und sichere sexuelle Erfahrungen zu machen, und zwar frei von Zwang, Diskriminierung und Gewalt. Sexuelle Gesundheit lässt sich nur erlangen und erhalten, wenn die sexuellen Rechte aller Menschen geachtet, geschützt und erfüllt werden.[4]

4 Weltgesundheitsorganisation, „Sexuelle Gesundheit ein Leben lang, Definition", http://www.euro.who.int/de/health-topics/Life-stages/sexual-and-reproductive-health/news/news/2011/06/sexual-health-throughout-life/definition.

Mit anderen Worten, das Einverständnis (ein begeistertes Einverständnis - nicht bloß das Fehlen eines „Nein") und die Gegenseitigkeit (mit Genuss für beide Partner verbunden) konstituieren nach der WHO eine grundlegende Sexualethik.

Doch so entscheidend Einverständnis und Gegenseitigkeit sind, eine christliche Sexualethik muss noch mehr zu bieten haben. Und so kontraintuitiv es erscheint, ich schlage vor, ausgerechnet in der Bibel nach Hilfen dafür zu suchen. Die Bibel ist einfach zu mächtig, um sie nur denen zu überlassen, die sie, ob wissentlich oder unwissentlich, dazu benutzen, ihren eigenen Platz in der Mitte der Bewässerungszone zu rechtfertigen und zu schützen. Denn manchmal kann der Ursprung für eine Verletzung auch die wirkungsvollste Quelle ihrer Heilung sein.

Ich bediene mich hier wieder einmal bei Martin Luther. In seinem *Kleinen Katechismus* lehrt er, dass es in den Zehn Geboten um mehr geht als das bloße Unterlassen von schlechtem Verhalten. Es geht auch um die Gegenwart des Guten. Zum Beispiel könnte man davon ausgehen, das fünfte Gebot, *Du sollst nicht töten*, zu erfüllen, koste einen nichts - ähnlich wie das Mittelfeld auf einer Bingo-Karte, das man gleich durchkreuzen kann. Luthers Auslegung zufolge bedeutet *Du sollst nicht töten* aber: „*Wir sollen Gott fürchten und lieben, dass wir unserm Nächsten an seinem Leibe keinen Schaden noch Leid tun, sondern ihm helfen und fördern in allen Leibesnöten.*" - Keinen Schaden zufügen und andere in all ihren Bedürfnissen unterstützen.

Ebenso muss uns angesichts von Sex mehr antreiben als bloß die Abwesenheit eines „Neins“ oder etwas Schadhaftem, wenn es um sexuelle Erfüllung gehen soll. Darum glaube ich, dass wir zum Einverständnis und zur Gegenseitigkeit auch die *Anteilnahme* hinzufügen müssen. Anteilnahme bringt uns näher ans Herz der Ethik Jesu: *Gott zu lieben und unseren Nächsten wie uns selbst.* Dazu müssen wir zugunsten anderer aktiv werden. Das stellt die Entscheidung in einen neuen Zusammenhang jenseits unseres eigenen Interesses, wie es bei Einverständnis und Gegenseitigkeit allein nicht der Fall ist.

Anteilnahme bedeutet, darauf zu achten, wie unser sexuelles Verhalten sich auf uns und andere auswirkt. Es kann nämlich sein, dass ich eine schöne, einvernehmliche Beziehung zu jemandem habe, aber wenn ich dabei meinen Ehepartner oder meine Ehepartnerin betrüge, dann lasse ich es an Anteilnahme gegenüber der Person, mit der ich verheiratet bin, fehlen. Oder wenn ich in einer Krise stecke und völlig durcheinander bin, dann passiert es leichter, dass man mit Sex einverstanden ist, obwohl es gerade das Letzte ist, was man braucht. Wenn mein Gegenüber das spürt und trotzdem mit mir schläft, dann haben zwei zwar das Einverständnis, es zeigt sich aber keine Fürsorge oder Anteilnahme. Eine Sexualethik, die Anteilnahme einschließt, bedeutet, dass ich jemanden als ganze Person sehe und nicht nur als willigen Körper.

Die einzige Möglichkeit, echte Anteilnahme für uns selbst und andere zu zeigen, ist, aufmerksam *hinzuschauen*. Die Sozialphilosophin und Mystikerin Simone Weil sagte: „*Aufmerksamkeit ist die seltenste und reinste Form der Großzügigkeit.*" Uns selbst und andere wirklich wahrzunehmen, das ist es, wozu ich uns einladen möchte, wenn wir eine neue christliche Sexualethik formulieren. Eine, die nicht auf einer Standardliste von „*Du sollst nicht*"-Sätzen beruht, sondern auf der Anteilnahme am Wohlergehen des anderen.

Ich schlage denen, die verletzt worden sind, daher eine sexuelle Reformation vor. Ich schlage sie ebenso denen vor, die Urheber dieser Verletzungen sind, und denen, die an meiner Autorität zweifeln, sowie denen, die ganz sicher sind, dass sie alles darüber wissen, wie Gott über Sex denkt.

Es ist an der Zeit, unsere antiquierten und schädlichen Vorstellungen von Sex, Körperlichkeit und Gender hinauszuschaffen.

Es ist an der Zeit, dass wir aufmerksam werden für das, was mit den Menschen um uns herum und mit denen, die uns nahestehen, geschieht, und es ist an der Zeit, dass wir Anteilnahme zeigen. Und dabei geht es mir nicht um ein paar einfache Korrekturen; neuer Wein in alten Schläuchen wird nicht reichen. Ich sage, lasst uns den ganzen Mist vernichten und von vorn anfangen. Denn es ist an der Zeit dafür.

1. SANCTUS

„Kannst du für mich beten?“ – Die SMS mit dem tränenüberströmten Emoji erschien auf meinem Handy, als ich gerade ins Auto stieg, um zu dem Ort zu fahren, wo ich in einer Stunde predigen sollte. Cecilia ist eine Frau aus meiner Gemeinde. Die Nachricht sah so dringend aus, dass ich wusste, sie würde in Tränen aufgelöst sein, als ich sie zurückrief. Während ich mich in den Verkehr einfädelte und mich um die langsamen Fahrer herumschlängelte, von denen es in Denver immer mehr gibt, seit wir hier Gras legalisiert haben, erzählte sie mir – nicht zum ersten Mal –, wie unglücklich sie war, nachdem ihre Beziehung zu James, ihrem ersten Liebhaber überhaupt, zerbrochen war. Sie war einunddreißig. Und sie war völlig fertig.

Cecilia ist eine von Dutzenden junger Leute in meiner Gemeinde – und von Millionen auf der Welt –, die in der evangelikalen „Reinheitsbewegung" aufgewachsen sind. Man brachte ihr bei, „mit dem Sex bis zur Ehe zu warten", und sagte ihr, wenn sie ein gottgefälliges Leben führen wolle, müsse sie für ihren zukünftigen Ehemann rein bleiben. Wie viele andere junge Frauen (aber nicht junge Männer, weil die aus irgendeinem Grund nicht dazu aufgefordert wurden) trug auch sie zum Beweis einen „Reinheitsring" – einen Ring, den sie als Teenager und Twen als Zeichen ihres Entschlusses trug, ein heiliges Leben zu führen.

Junge Leute dazu anzuhalten, vor der Ehe keinen Sex zu haben, ist nichts Neues, aber 1997 schrieb ein einundzwanzigjähriger Predigersohn namens Joshua Harris ein Buch mit dem Titel *Ungeküsst und doch kein Frosch*, in dem er argumentierte, es sei nicht genug, vor der Ehe nicht bis zum Letzten zu gehen. *Wahre* Reinheit verlange, so meinte Harris, nicht einmal jemanden zu küssen, bis man am Traualtar den Ehepartner oder die Ehepartnerin küsst.[5]

Doch Cecilia ging es so wie vielen anderen jungen Frauen auch – dieser Ehepartner ließ sich nie blicken. Und als sie dann

---

5 Harris gibt inzwischen zu, dass manche seiner Ideen in die falsche Richtung gingen, und er ist derzeit auf einer Art Abbitte-Tour. Siehe seine Website *www.joshharris.com*.

mit neunundzwanzig Jahren das konservativ christliche Denken hinter sich gelassen hatte und ihre erste Liebschaft eingegangen war, hatte sie keinerlei Erfahrung damit. Sie wusste nicht, wie sie mit ihrer Lust und Leidenschaft, der empfundenen Verbundenheit und den Hormonausschüttungen umgehen sollte, die einem das Gehirn durchspülen, wenn so viel Haut und Seele einander berühren. Sie dachte, sie hätte die Liebe ihres Lebens gefunden, aber dann wurde sie von James betrogen, und die Beziehung zerbrach.

Sie hätte ihm gern verziehen, aber das war nicht das erste Problem in ihrer Beziehung. Es war ihr von Anfang an schwergefallen, nicht die Fassung zu verlieren, nachdem ihr Freund ihr das erste Mal erzählt hatte, dass er bereits eine sexuelle Vergangenheit hatte. Als er sie nun auch noch betrog, verunsicherte sie das noch mehr.

„Nadia, ich weiß, es klingt bescheuert, aber ehrlich, es fühlte sich so an, als wäre er ein Experte und ich eine absolute Anfängerin“, sagte sie unter allmählich nachlassenden Tränen. „Er versuchte zwar, mir das auszureden, aber ich fühlte mich total unzulänglich.“

Du bist beraubt worden, dachte ich nur. Die Kirche hatte ihr mehr als ein Jahrzehnt ihrer eigenen sexuellen Entwicklung genommen. Während dieser ganzen Zeit hätte sie gute Erfahrungen sammeln können, die daher kommen, dass man seine eigenen Entscheidungen trifft, dass man Beziehungen eingeht, dass man dabei Fehler macht, dass man sich verliebt.

Ich hörte ein tiefes Ein- und Ausatmen am anderen Hörer, bevor sie weitererzählte. „Mein Freund meinte, ich käme besser drüber hinweg, wenn ich mit anderen Männern ins Bett gehe. Also habe ich das gemacht. Aber gestern Abend habe ich wahllos mit irgendeinem Kerl geschlafen, und jetzt fühle ich mich wie ein Stück Scheiße, auch wenn ich weiß, dass daran nichts *moralisch* falsch ist oder so."

Ich nahm die Ausfahrt von der Interstate 70 und stimmte Cecilia zu. Gelegenheitssex war nun wirklich nicht der richtige Weg für sie, wieder heil zu werden. „Du gibst bei solchen Begegnungen so viel von dir selbst preis", sagte ich. „Und das bedeutet, dass du einfach viel leichter verletzt wirst. Jetzt hast du die Erfahrung gemacht", sagte ich. Das Mitgefühl für Cecilia krampfte mir das Herz zusammen. „Da ist überhaupt nichts Falsches dran."

„Ich bin nur so sauer, dass mir das alles vorher nie jemand gesagt hat", antwortete sie mit einer Mischung aus Enttäuschung und Zorn in der Stimme. „Ich bin stinkwütend."

Das war ich auch. Trotzdem sagte ich ihr das, was mir ständig durch den Kopf geht, wenn ich daran denke, was die Kirche über Sex gelehrt hat: dass es zwar verständlich und unvermeidlich ist, sauer zu sein, aber nur von begrenztem Nutzen. Dies war nun ihre Geschichte. Sie gehörte *ihr*. Sie sollte sie annehmen und nun zu neuen Ufern aufbrechen, statt stehen zu bleiben. Sie hatte sich vielleicht nicht aussuchen können, was mit ihr passiert war, aber sie konnte sich jetzt aussuchen, was es für die Zukunft *bedeuten* würde.

„Danke. Ich sehe dich morgen im Gottesdienst. Könntest du dann vielleicht für mich beten?", sagte sie und legte auf.

Am nächsten Tag, Sonntag, stand ich in der Gemeinde, während mein Kollege Reagan die Kommunion verteilte. An meinen Händen konnte ich noch die würzige Myrrhe riechen, nachdem ich Cecilia mit dem Daumen ein Kreuz auf die Stirn gezeichnet und der Duft des Öls uns eingehüllt hatte. Ich hatte Cecilia an den Händen gehalten, ihre Tränen ergossen sich darüber, während ich betete, dass Gott sie führen und ihr Weisheit schenken und all ihr Sein – das Geistige, das Geistliche, das Sexuelle, das Körperliche – zusammenführen möge, damit sie sich ganz und heil fühlen könnte. Schließlich ist das griechische Wort für „retten" *sozo*, was so viel bedeutet wie „heilen, Heil bringen, erhalten". Das ist es, was Gott tut. Gott fügt die zersprungenen Teile unseres Selbst wieder zusammen zu einem heilen Ganzen.

Nachdem ich Cecilia gesalbt hatte, schaute ich hinüber zu Reagan mit seinen hellblauen Augen und seinem kurz gestutzten Bart. Er stand hinter dem Tisch, vor dem sich zweihundert Leute versammelt hatten, um durch Brot, Wein und Gesang ihren Glauben kundzutun. Er hob seine Hände und sang:

Wir stimmen ein mit den Heiligen und Engeln
in den Chor deines Lobes, der in Ewigkeit erschallt,
und erheben unsere Stimmen zu deinem Ruhm und singen ...

Und Reagans Stimme vervielfachte sich, als die vierstimmige Harmonie der Versammelten den Raum erfüllte, so wie es seine einzelne Stimme niemals hätte tun können. Allein kann man nicht mehrstimmig singen. Harmonie ist ein Klang der Einheit in der Verschiedenheit. Der Klang einer Einheit, die nur möglich ist, wenn sich Leute, die ganz unterschiedlich sind, zusammentun. *E pluribus unum.*

Heilig, heilig, heilig Gott.
Herr aller Mächte und Gewalten.
Erfüllt sind Himmel und Erde von deiner Herrlichkeit.
Hosanna in der Höhe.

Der Myrrheduft an meinen Händen mischte sich jetzt mit dem brennenden Räucherwerk vom Altar – Weihrauch, der wie ein Gebet zu Gott aufsteigt –, und ich dachte über diese Heiligkeit nach, von der wir singen und die von der Kirche mit Reinheit gleichgesetzt wurde, sei es in sexueller oder anderer Hinsicht. Ich zweifle nicht an, dass der Hauptgrund, warum die Kirche so versessen auf sexuelle „Reinheit" ist, im Kern durchaus ehrenwert ist: Wir wollen heilig sein, Heiligkeit erfahren. Aber was ist Heiligkeit?

Heiligkeit ist die Vereinigung, die wir miteinander und mit Gott erleben. Heiligkeit ist da, wo mehr als einer oder mehr als eine eins werden, wo das, was zerbrochen ist, wieder ganz wird. Mehrstimmig singen. Ein Baby stillen. Kollektives Feilschen. Tanzen. Anderen unser Leid klagen und sie sagen hören: „So geht es mir auch." Heiligkeit geschieht da, wo wir als körperliche, geistliche, sexuelle, emotionale und politische Wesen integriert sind. Heiligkeit ist das Lied, das schon immer gesungen wurde, vielleicht sogar der Klang der ersten Worte Gottes, als dieser sagte: „Es werde Licht."

Und Heiligkeit war mein Gebet für Cecilia. Aber Heiligkeit ist nichts, was wir uns verdienen oder hervorbringen oder wonach wir streben könnten. Sie hat nichts mit Selbstverbesserung zu tun. Sie ist einfach etwas, womit wir manchmal zufällig zusammenstoßen, etwas, das uns gleichzeitig innen wie auch außen erschüttert. Heiligkeit existiert in solchen Momenten, in denen wir gelöst sind von unsrem Ego und dennoch fest verbunden mit unserem Selbst und etwas anderem. Sie ruht im Duft am Kopf eines neugeborenen Babys und in der Erschöpfung seiner Mutter nach den Wehen. Sie ist wie der Moment bei einer Feier, in dem man sich ein Stück Kuchen mit denen teilt, die man liebt, und man den ersten Bissen zu sich nimmt und alle Genussrezeptoren *heilig, heilig, heilig* funken. Heiligkeit ist das, was ich nicht kommen sah und das mir den Atem raubt, weil ich feststelle, dass sie meine Einsamkeit unterbrochen hat.

Und auch - darauf bestehe ich - wenn zwei Menschen, die sich lieben, zwei Träger des Ebenbildes Gottes, sich in einer erotischen Umarmung vereinen, ist da Raum für etwas Heiliges. Was getrennt war, hat zusammengefunden. Zwei Seelen, zwei Körper, zwei Geschichten, sind sich so nahe gekommen, dass sie zusammen etwas sind, was sie allein nicht sein können. Einheit.

Irgendwann im Herbst, als ich anfing, gründlich über das ganze Thema Sex und Kirche nachzudenken, rief ich von unterwegs einen guten Freund an. Er ist kein Christ, aber ich fragte ihn mit einer nicht ganz erklärbaren Dringlichkeit: „Was meinst du, warum hat die Kirche sich all die Jahrhunderte lang so sehr bemüht, die Sexualität unter Kontrolle zu halten?"

Er antwortete: „Ich denke, weil die Kirche im Sex eine Konkurrenz sah, das habe ich zumindest immer so angenommen."

Kaum hatte er das gesagt, wusste ich, dass es teilweise stimmte. Sex konkurriert tatsächlich mit der Kirche. Sex kann ebenso wie eine Religion den Schmerz des Getrenntseins besänftigen. Er kann den Kummer, nicht gesehen zu werden, lindern. Er kann die Furcht, bedeutungslos zu sein, bezähmen. Und er kann die verletzende Erfahrung, sich unvollständig zu fühlen, umgehen.

Ob es uns klar ist oder nicht, oft finden wir Wege, unsere Gefühle existenziellen Alleinseins zu mildern, indem wir nach Einheit suchen. Wir füllen unser Leben mit Dingen, die uns von dem Klang ablenken, der in unserer tiefsten Einsamkeit an die Fensterscheiben klopft: Essen, Unterhaltung, Erfolg, Sex, Beziehungen, Betriebsamkeit, Klatsch – es gibt viele Möglichkeiten, unsere Aufmerksamkeit von dem unvermeidlichen, verstörenden Alleinsein abzulenken.

Aber es gibt einen Unterschied zwischen *Ablenkung* und *Linderung*. Momente der Einheit – der Heiligkeit – schaffen tatsächlich Linderung, und das ist nicht dasselbe wie eine Ablenkung von unserer Isolation. Genauso kann Zigaretten rauchen und Kaffee trinken uns von unserem Hungergefühl ablenken, aber gelindert wird es erst dadurch, wenn wir etwas essen. Natürlich nur vorübergehend. Aber so ist das nun einmal mit dem Menschsein.

Insbesondere im Religiösen versuchen wir dieses existenzielle Gefühl des Alleinseins abzumildern durch die Gemeinschaft mit Gott und die Gemeinschaft mit anderen, die auf der Suche nach demselben sind. Wir beten für die Anliegen anderer. Wir stellen uns rund um Tische mit Brot und Wein. Und wir stimmen ein in den Chor der Heiligen und Engel zum Lobe Gottes, das in Ewigkeit erschallt: *heilig, heilig, heilig.*

Reagan hat mir einmal gesagt, dass er stets seinen Blick zum Himmel hebt, wenn er das Sanctus singt. Auf diese Weise macht er sich bewusst, dass seine Stimme eine von Millionen ist, die in den himmlischen Gesang, Gott zu ehren, eingestimmt haben, einstimmen und immer einstimmen werden. Es erinnert ihn daran, dass er ein Geschöpf ist, das durch den Atem Gottes selbst Leben und Seele bekommen hat, den Atem, den er gebraucht, um gemeinsam mit den Engeln und allen Gläubigen zu singen. Für einen Augenblick sind dann die Mauern seines abgeschiedenen Selbst verschwunden, sie fließen dann ein in den ewigen Gesang. *Das* ist Heiligkeit.

Wenn wir uns mit dem Heiligen verbinden, finden wir Zugang zum innersten Teil unseres Geistes. Vielleicht ist das der Grund, warum wir so viele Mauern, Schutzzäune und Regeln sowohl um den Sex als auch um die Religion gebaut haben. Beides sind Dinge, die so viel von uns selbst bloßlegen, was dann entweder verletzt oder geheilt werden kann. Nur wenn die Mauern, Schutzzäune und Regeln wichtiger werden als das Heilige, das sie schützen sollen, dann führt das zu Verlusten.

Aber egal, wie sehr wir uns um Reinheit in unserem Denken, unserem Körper, unserem Geist oder unserer Ideologie bemühen, Reinheit ist nicht dasselbe wie Heiligkeit. Es ist nur leichter zu definieren, was rein ist, als zu definieren, was heilig ist, und deshalb tun wir so, als wären die Begriffe austauschbar.

Im späten achtzehnten Jahrhundert entstand die Temperenzbewegung, um ein sehr ernstes, soziales Übel zu bekämpfen: exzessiven Alkoholkonsum. Die industrielle Revolution und eine rasche Zunahme der Migration hatten dazu geführt, dass immer mehr Menschen in überfüllten städtischen Gebieten lebten. Das führte zu einer plötzlichen Entfremdung von vielen etablierten sozialen Strukturen. Diese Veränderung (in Verbindung mit einem reichen Angebot importierter Melasse, die es ermöglichte, ganz neue harte alkoholische Getränke in großen Mengen in Umlauf zu bringen) brachte es mit sich, dass Trunkenheit immer mehr um sich griff, besonders unter Männern. Exzessives Trinken richtete verheerende Schäden in den Familien und an den Arbeitsplätzen an. Häusliche Gewalt und vielfache Abwesenheit nagten zudem an der Gesundheit und Sicherheit des Lebens vieler Menschen. Deshalb schlossen sich besorgte Ehefrauen, Mütter und Geistliche zu einer Bewegung zusammen, um sich für eine Mäßigung in puncto Alkoholkonsum zu engagieren. Es musste ein Bruch her, mit dem man sich befassen musste.[6]

Aber dann geschah etwas, was früher oder später in allen Bewegungen zu passieren scheint – es gab eine Spaltung zwischen den Moderaten und den Extremisten. Für die Extremisten ging die Mäßigung des Alkoholkonsums nicht weit genug – sich zu mäßigen war demnach noch nicht rein genug, es ging das Übel des Alkohols nicht grundsätzlich genug an. Und so kam die Abstinenzbewegung auf die Bühne des amerikanischen Moralstücks und argumentierte, Alkohol in jedweder Menge sei ein Übel und müsse um des individuellen wie gesellschaftlichen Wohlergehens willen gänzlich vermieden werden.

Ich bin religiös so aufgewachsen, das jeglicher Alkoholkonsum abgelehnt wurde – eine Haltung, die im Englischen „teetotalism" genannt wird, was ich immer so verstanden habe, dass unsere Auswahl an erlaubten Getränken total aus Tee bestand. In Wirklichkeit kommt der Ausdruck von den Kundgebungen, die die Prohibitionspuristen gegen ihre moralisch aufgeweichten Gegenüber in der Temperenzbewegung veranstalteten. Bei diesen Zusammenkünften hingen über der Bühne große Stofftransparente mit einem großen T für „Totale Abstinenz" und

---

6 Nach der PBS-Dokumentarreihe *Prohibition* von Ken Burns und Lynn Novick, *http://www.pbs.org/kenburns/prohibition*.

proklamierten die Überzeugungen der Puristen. Der Ursprung des Ausdrucks „Teetotaler" war also nicht der Genuss von Earl Grey, sondern ein moralischer Schlachtruf. Was ich aber daran interessant finde, ist, dass dieser Instinkt, zu sagen: „Das geht uns nicht weit genug", den so viele Menschen in sich spüren, der Instinkt für Reinheit, sich in allen möglichen Bewegungen und Religionen bemerkbar macht.

Natürlich gibt es Situationen, in denen es töricht wäre, einen Mittelweg zu beschreiten. (Ich sage das bewusst als eine, die mit Alkoholismus zu kämpfen hatte und jetzt seit sechsundzwanzig Jahren komplett nüchtern ist. Ein Mittelweg ist mir da nicht möglich, und das weiß ich.) Aber ich frage mich, wie anders wohl die Geschichte unseres Landes verlaufen wäre, wenn die Temperenz sich durchgesetzt hätte statt der Abstinenz. Wir werden es nie erfahren, denn binnen kurzer Zeit waren genügend Leute von der „Mäßigung geht nicht weit genug"-Rhetorik der Teetotaler so angetan, dass der Gang der Gesetze und der Geschichte unseres Landes für immer davon gekennzeichnet wurden. An der Spitze der Abstinenzbewegung standen übrigens Baptisten und Methodisten, denen wohl selbst Jesus, der ja gerne Wein trank, zu unrein für ihre christliche Bewegung gewesen wäre. Sie waren es, die alle großen protestantischen Gruppen in Amerika dazu überredeten, sich ihrer Reiner-als-Temperenz-Prohibitionsbewegung zu verschreiben. (Nun ja, alle Protestanten außer den Lutheranern, die sich nicht von ihrem Bier trennen mochten, und den Episkopalisten, die keinen Sinn in einem Leben ohne Sherry sahen.)

Die Religiosität der Prohibitionsbewegung wurde angefacht durch ein aufrichtiges Verlangen, ein heiliges, gottgefälliges Leben zu führen. Doch Reinheit ist nun einmal leichter zu regulieren als Heiligkeit.

Und so wurde kräftig reguliert. Es reichte nicht, Gemeinden und Einzelpersonen und Gruppen von Bürgern dazu zu bringen, sich der Alkoholabstinenz zu verschreiben. Irgendwann drang die Kampagne in die Schulen vor. Die Prohibitionsbewegung sorgte dafür, dass teetotalistische Schulbücher überall im Land in die Grundschulen gelangten. Viele amerikanische Schulkinder nahmen mehrmals wöchentlich an Abstinenzstunden teil, in denen Referenten ihnen einschärften, schon ein Schluck Alkohol könne einem die Kehle verbrennen und die Magenschleimhaut zerstören. Alkohol verursache Taubheit und Geistesgestörtheit bei den Kindern und sogar Enkelkindern der Trinker, sagten sie. Das Trinken könne sogar zu spontanen Selbstentzündungen führen.

Es ist bizarr, wenn man sich anschaut, wie weit die Prohibition ging – oder vielleicht auch nicht, zumal eine ähnliche Angstpropaganda bald auch gegen den Sex aufgefahren wurde. (Etwa so: Wenn du deine Freundin küsst, führt das zum Sex, und Sex außerhalb der Ehe führt zu Krankheiten und Tod, also bleib lieber ungeküsst.) Aber dass der Alkohol als Sündenbock für alle Übel, Ungerechtigkeiten und Probleme in der Gesellschaft herhalten musste, war so durchschlagend, dass die „Das geht nicht weit genug“-Fraktion schließlich auf den Gedanken kam: „Es geht nicht weit genug, (fast) alle Konfessionen auf unsere Seite zu bringen, und es geht nicht weit genug, dass unsere Wertvorstellungen in den Schulen propagiert werden und Kindern damit eine Heidenangst eingejagt wird ... *scheiß drauf, lasst uns die amerikanische Verfassung ändern!*"

Und sie änderten tatsächlich die amerikanische Verfassung!

Aber es gibt da ein Problem mit der totalen Abstinenz mit großem T: Denn als in unserem Land das Trinken illegal wurde und den Kindern die Furcht vor den heimtückischen Gefahren des Alkohols eingebläut wurde, führte das nicht zu einer Zunahme der Heiligkeit, sondern zu einer Kultur der Heimlichkeit, der Heuchelei und des Messens mit zweierlei Maß. Ich bin mir ziemlich sicher, dass die Welle des organisierten Verbrechens und der Schwarzmarktaktivitäten in den Vereinigten Staaten während der Prohibitionszeit ausgeblieben wäre, hätten wir nicht unbedingt auf einer gleichförmigen Vorstellung von Reinheit für das ganze Land bestanden.

Wir alle wollen gesund bleiben und sicher leben. Aber Fast Food schadet in Amerika der Gesundheit der Menschen mehr als alles andere, und glaub mir, ich werde nicht den Vorschlag machen, die Verfassung zu ändern, um Chicken Nuggets zu verbieten. Ich mag mir gar nicht ausmalen, was für ein Schwarzmarkt emporsprießen würde, wenn wir Junkfood für illegal erklären würden.

Der Wunsch, ein heiliges Leben zu führen, das Gott gefällt, ist verständlich, aber in diesem Wunsch lauern auch Fallen.

Unsere Reinheitsstrategien, auch wenn sie in noch so guter Absicht ausgeklügelt sind, machen uns nicht heilig.[7] Sie schaffen nur Insider und Outsider. Und sie sind Mechanismen, mit denen wir uns unsere Lieblingsdroge beschaffen: Selbstgerechtigkeit, während uns der Saft der Frucht vom Baum der Erkenntnis von Gut und Böse übers Kinn herabtropft. Und diese Reinheitsstrategien beeinflussen weit mehr als unsere Beziehung zu Sex und Alkohol: Sie kommen in politischen Ideologien zum Vorschein, in der Art, wie Leute sich in den sozialen Medien gegenseitig beschimpfen, in unserer Versessenheit auf „Clean Eating". Reinheit führt meist zu Hochmut oder Verzweiflung, nicht zu Heiligkeit. Denn bei Heiligkeit geht es um eine Gemeinschaft mit, während es bei der Reinheit um Trennung von etwas geht.

Jesus suchte stets die Beziehung zu den Menschen in seinem Umfeld, er sonderte sich nicht ab. Er berührte Körper von Menschen, die als unrein galten, genauso selbstverständlich wie als wären sie heilig: tote kleine Mädchen, Aussätzige, menstruierende Frauen. Seine Zeitgenossen waren angewidert davon, dass Jesu Jünger mit ungewaschenen Händen aßen, und sie versuchten, ihn deswegen zu attackieren. Doch er antwortete ihnen:

7 Der Ausdruck „Reinheitsstrategien" bezieht sich darauf, wie Christen oft durch Moralismus nach Heiligkeit streben, und spielt in keiner Weise auf andere Religionen und ihre Praktiken an.

„Nicht was zum Mund hineingeht, macht den Menschen unrein; sondern was aus dem Mund herauskommt, das macht den Menschen unrein."

Er war dem Gesetz treu, nur nicht auf Kosten der Menschen.

Immer wieder übertrat Jesus die Grenzen des Anstands, um zu den Menschen auf der anderen Seite zu gelangen, zu denen, die durch sie verletzt worden waren, zu denen, die von den anderen getrennt waren: den Mutterlosen, den Sexarbeiterinnen, den Opfern und denen, die andere zu Opfern machten. Ihm ging es um echte Heiligkeit, die Beziehung zwischen dem Menschlichen und dem Göttlichen, die Einheit der Sünder, das Zusammenkommen dessen, was vorher getrennt war.

Wenn ich an Heiligkeit denke – an eine sinnlich erfahrbare, verkörperte Heiligkeit, frei von Scham, die ganz und gar gegenwärtig ist und aus der Gemeinschaft mit Gott kommt –, dann denke ich an eine bestimmte Begebenheit in den Evangelien, in der eine Frau mitten während eines gemeinsamen Essens einen Krug mit Nardenöl öffnet und Jesus das duftende Öl über die Füße gießt. Anschließend nimmt sie ihr offenes Haar und trocknet ihm damit die Füße. Sie vermischt auf den Füßen Gottes ihre Mähne, ihre Tränen und ihr Opfer. Ihr Getrenntsein – von sich selbst und von ihrem Gott – ist in diesem Moment gelindert. Denn die Heiligkeit verflechtet die Strähnen ihres Seins zu der ursprünglichen und göttlichen zusammengefügten Ordnung.

Und diejenigen, die mit der Frau und mit Jesus im Raum waren, taten das, was Menschen so oft tun. Sie kehrten sich ab von der Heiligkeit und Intimität dessen, was sie da sahen. Sie warfen Jesus stattdessen Unreinheit vor.

Ich musste an diese Frau denken, als ich Cecilia an jenem Abend in der Kirche salbte. Ich dachte an die grenzüberschreitende Sinnlichkeit einer Frau, die einen Krug kostbaren Parfüms öffnete, und an den Duft des kostbaren Nardenöls, das den Raum erfüllte, als ihre Tränen dem Retter der ganzen Welt auf die Füße fielen.

Heilig, heilig, heilig Gott.
Herr aller Mächte und Gewalten.
Erfüllt sind Himmel und Erde von deiner Herrlichkeit.
Hosanna in der Höhe.

Die Schöpfung, Teil I

DER ERSTE SEGEN

An unserem Anfang war Gott vielleicht gelangweilt und ein bisschen einsam, weshalb er ein erschreckend riesiges Universum erschuf, in dem sich auch die Erde befand. Die Erde, unser Fleckchen Leben, war nur eine Leere, und in diesem großen Nichts war es stockfinster. Da es vor der Schöpfung außer Gott nichts gab, musste Gott, um die Welt in ihr Dasein zu rufen, sozusagen ein Stück rutschen. Denn Gott beschloss, weniger Raum einzunehmen – ein bisschen Platz zu machen, verstehst du?

Bevor also Gott die Welt ins Dasein rief, rutschte er ein Stück. Gott wollte teilen. So wie die Frau mit dem freundlichen Gesicht in der U-Bahn, die ihre Handtasche auf den Schoß nimmt, damit auf dem Sitz neben ihr Platz für dich ist. Sie musste das ja nicht machen, aber so ist sie nun einmal: Die Frau mit dem freundlichen Gesicht in der U-Bahn macht Platz für andere.

Und die Frau mit dem freundlichen Gesicht in der U-Bahn hätte dieses Universum erschaffen können, wie immer sie es wollte – sie hätte das Universum komplett ausgestattet ins Dasein bringen können. Aber sie ist im Herzen eine Gärtnerin, also ließ sie es aus einem Samen wachsen in dem Wissen, dass das

Ganze ein Prozess sein würde. Und die ersten Samen kamen in Gestalt von drei Wörtern aus dem Mund Gottes.

Es werde Licht.

Gottes Worte tun, was sie sagen. So entstand aus dem Atem Gottes die Welt. *Bäms!* Ozeane, Land, Himmel, Sonne, Mond, Sterne, Pflanzen und sogar so etwas wie Seeungeheuer.[8]

Das alles brauchte seine Zeit. Es war ein Prozess, und zwar ein seltsam kooperativer. Statt alles selber zu machen, teilte er sich die Arbeit mit der Schöpfung. Er rief die Erde auf, die Vegetation hervorzubringen, und die Meere, die Seeungeheuer hervorzubringen. Die Idee mit den Samen gefiel Gott richtig gut, und er schuf ein selbsterhaltendes System innerhalb des von ihm erschaffenen Lebens. So wie diese russischen Matrjoschka-Puppen, nur lebendig. Im Innern des Lebens entsteht mehr Leben.

Dann hatte Gott einen totalen Kreativitätsschub und machte Tiere. Amöben. Hühner. Zikaden. Orang-Utans. Und Gott segnete sie, indem er sagte: „Seid fruchtbar und mehrt euch."

Der allererste Segen war der Sex.

Und dann sagte Gott: „Lasset uns Menschen machen, ein Bild, das uns gleich sei."

Warte mal ... mit wem redet Gott da eigentlich? Redete Gott mit den Tieren? Redete Gott mit Jesus und dem Heiligen Geist? Redete Gott in der ersten Person Plural mit sich selbst?

Schwer zu sagen.

---

8 vgl. 1. Mose 1,20.

Gott – die Gemeinschaft, Gott – die Familie, Gott – der Freundeskreis, Gott – das Gegenteil von Isolation, sagte: „Lasst uns das zusammen machen. Lasst uns die Menschheit machen, ein Bild, das uns gleich sei. Wir und sie in einem Wesen.

Und Gott schuf sie als Mann und Frau.

Gott schuf jeden von uns als ein männliches und weibliches Bild seiner selbst. Er gab uns etwas, das so heilig war, dass es nie beschädigt werden und uns nie weggenommen werden konnte: Gottes Ebenbild. Einen Quellcode der Gnade. Ein Niemals-Alleinsein. Unseren Ursprung und unser Ziel: Gott.

2.
EIN TEDDY ZUM SELBERMACHEN

Und du wolltest nicht wissen, dass du eine Eva bist? Noch lebt die Strafsentenz Gottes über dein Geschlecht in dieser Welt fort; dann muss also auch deine Schuld noch fortleben. Du bist es, die dem Teufel Eingang verschafft hat, du hast das Siegel jenes Baumes gebrochen, du hast zuerst das göttliche Gesetz im Stich gelassen, du bist es auch, die denjenigen betört hat, dem der Teufel nicht zu nahen vermochte. So leicht hast du den Mann, das Ebenbild Gottes, zu Boden geworfen. Wegen deiner Schuld, das heißt um des Todes willen, musste auch der Sohn Gottes sterben.

Tertullian, aus: Über den weiblichen Putz

In dem Jahr, in dem meine Tochter Harper zehn wurde, bastelte sie sich einen Teddybären. Sein Wert lag bei so um die achtzig Dollar.

Beim Frühstück am nächsten Morgen schaute ich zu, wie sie ihren blau funkelnden Do-it-yourself-Teddy, dem sie ein weißes Tanktop mit einem Kristallherzen darauf angezogen hatte, auf unserem Küchentresen platzierte. Sie lehnte ihn an die Wand, wo er für Wochen blieb und ihr jeden Morgen beim Essen Gesellschaft leistete.

Ich weiß nicht, wieso Harper gedanklich immer so abdriftet, wenn sie Cerealien isst. Seit sie klein war, beobachte ich sie dabei – in der Küche unseres kleinen, gemauerten Häuschens –, wie sie sich Cornflakes in den Mund schaufelt und dabei in eine ungeahnte Ferne starrt, versunken in ihre herrlichen Mädchengedanken. Ich liebe es, sie zu beobachten, während das grelle Morgenlicht der Sonne auf ihrem Gesicht erstrahlt.

Eines Morgens, eine Woche nachdem sie sich ihren Teddy gebastelt hatte, schob sich Harper einen Löffel Cornflakes in den Mund und fragte mich geräuschvoll kauend, was das denn für komische Beulen auf ihrer Brust wären. Ihr Körper tat, was junge heranwachsende Körper nun einmal tun, aber ich hatte plötzlich Angst um sie. Sie war zehn, und Mädchen, die sich früh entwickeln, haben es manchmal nicht leicht. Wer einen weiblichen Körper hat, ist sowieso ein wandelndes Risiko, und ich fürchtete um den Körper meiner Tochter, der auch so ein kleines Kristallherz hatte.

Im gleichen Jahr, in dem ein erwachsener Mann vor mir und zwei anderen Mädchen vor einem Süßigkeitenladen in Colorado Springs masturbierte, bekam ich von einem Jungen meinen ersten Kuss. Ich war damals zwölf.

In dem Flur unseres neu gebauten Gemeindehauses roch es noch immer wie in einem neuen Auto nach Teppichkleber und Hoffnung. Der Teppichboden war erst ein paar Monate alt, als ich 1981 darauf stand, den Rücken gegen die graue Gipswand gelehnt, und der Sohn des Predigers sich gegen mich presste und der Geruch seines Atems sich mit dem des Flurs in meiner Nase mischte.

Zum ersten Mal in meinem Leben wurde ich von einem Jungen beachtet. Einem Jungen! Einem Wesen aus dieser fernen, mächtigen Population. Aus der herrschenden Klasse, der ewigen Oberschicht, einer von denen, für die alles da war. Auch ich.

Als junges Mädchen, das Anfang der 1980er-Jahre in Colorado Springs aufgewachsen war, wusste ich noch, was Stellung bedeutete, Ordnung, Rang und Schicklichkeit. Außerhalb der Kirche hatte die amerikanische Gesellschaft angefangen, die ersten Lippenbekenntnisse zur Gleichberechtigung abzulegen – Frauen durften sogar schon Kreditkarten auf ihren eigenen Namen haben –, aber in den Kreisen, in denen ich aufwuchs, war es immer noch erwünscht, dass Frauen an ihrem Platz blieben. Die Geschichte vom Garten Eden, die von unserem Ursprung erzählt, verlangte das, so wurde es behauptet.[9] Es ist schwer, etwas als sexistischen Schwachsinn zu bezeichnen, wenn sämtliche Autoritätspersonen, die man kennt, einem sagen, laut Bibel sei es der „Wille Gottes".

Die Botschaft, die ich mitbekam, war, dass Eva, als sie aus Adams Rippe hervorging, voller Dankbarkeit dafür war, seine Gehilfin zu sein. Sie war immer nur ein „Wir", nie ein „Ich". Gott schenkte sie Adam wie eine bestellte Braut aus dem Katalog. Für sie war Adam ihr Lebenszweck.

Und ich als ein zwölfjähriges Mädchen, das die Aufmerksamkeit eines *Jungen* errungen hatte, bekam nun auch einen Lebenszweck. Ich war würdig. Ich würde endlich die Eva für einen Adam sein.

Meistens war ich in der Gemeinde an der Seite von Christie Waters und Charlotte Perkins zu finden, zwei der hübschesten Mädchen, die sich hauptsächlich deshalb mit mir abgaben, weil ich witzig war und gut zuhören konnte. Christi hatte einen perfekt blonden Federhaarschnitt und trug weiße, mit winzigen

9 Zu meinem Punkt, dass es eine große Rolle spielt, wie wir die Eden-Geschichte interpretieren, sei gesagt, dass der *Malleus Maleficarum (Hexenhammer)*, ein Dokument aus dem 15. Jahrhundert, sich stark auf 1. Mose 3 stützt und der Inquisition die grundsätzliche theologische Rechtfertigung dafür gab, Frauen als Hexen zu verfolgen. In den Jahrzehnten nach seinem Erscheinen wurden Tausende von Frauen hingerichtet.

Herzchen, Sternchen oder Segelbooten getupfte Rollis unter ihren farbenfrohen Rundhalspullovern. Und dann erst Charlotte! Charlotte war so hübsch und süß: stark gebräunt, weichherzig und schockierend kurvig für eine Zwölfjährige. Natürlich beneidete ich die beiden.

Das späte Erscheinen meiner eigenen Kurven wurde noch unerträglicher dadurch, dass ich so dünn geworden war.[10] Ich bestand nur aus Gliedmaßen, Knochen und bissigem Humor. Während Charlotte und Christie die ganze Aufmerksamkeit bei den Jungs absahnten, machte ich mich bloß über diese lustig, bis eines Tages im Gottesdienst plötzlich mir die Aufmerksamkeit galt.

In meinem Schoß lag auf einmal ein Zettel von Alan, dem ältesten Sohn des Predigers. Ich hörte gerade lange genug auf, so zu tun, als hörte ich der Predigt zu, um mich umzuschauen und zu vergewissern, dass der Zettel nicht für Charlotte oder Christie bestimmt war. Zweifelnd deutete ich auf meine Brust. Er nickte lächelnd.

„Hi." Mehr stand nicht auf dem Zettel.

„Hi", schrieb ich vorsichtig zurück.

Drei aufregende Wochen lang richtete Alan seine Blicke auf mich. Er schob mir kleine zusammengefaltete Zettel zu, während ich mit den anderen Gemeindekindern auf den beigefarbenen

---

10 Aufgrund meines Morbus Basedow, einer Autoimmunerkrankung, von der ich in meinem Buch *Ich finde Gott in den Dingen, die mich wütend machen* (Brendow, 2015) berichtet habe.

Polstern der Kirchenbänke saß und versuchte, die vierzigminütige Predigt zu überleben. Die Gebetskarten und Bleistifte, die in Fächern an der Rückseite der Bank vor uns steckten, waren außer unseren Bibeln das Einzige, was wir während des Gottesdienstes in die Hand nehmen durften. Also malten wir Bilder auf die Kärtchen, falteten sie zu winzigen Fliegern und verständigten uns durch kleine Briefchen, die wir darauf kritzelten. Sie waren alles, was wir hatten, geschmacklos wie Manna, aber genug, um über die Runden zu kommen.

Mir wurde zunehmend bewusst, wo Alan in der Kirche saß und wann er in meine Richtung schaute. Wie der Hintergrund eines Fotos mit geringer Schärfe fing alles, was nicht Alan war, um ihn herum aus dem Fokus zu verschwimmen. Einmal saß Alan direkt neben mir und streichelte mir während des Gebets einen Moment lang mit seiner Hand über den Arm. Seine Finger wanderten langsam und sanft über meinen dünnen Trizeps und zerrten dabei mit einem Gefühl an meinen Eingeweiden wie an Glockenseilen.

Immer, wenn ich mich für den Gottesdienst anzog, überlegte ich, welches Kleid Alan wohl süß finden würde. Und ich dachte daran, wie Charlotte in ihren Sonntagskleidern aussah. Wie sehr sehnte ich mich nach einer fraulicheren Figur! Bis dahin hatte ich nie an einen anderen Menschen gedacht, wenn ich mir aussuchte, was ich anziehen wollte. Ich war ein Mädchen, dem Kleider unwichtig waren, aber jetzt hatten meine Kleider, mein Haar und meine Haut ja Bedeutung bekommen: Sie waren die Grundlage, auf der ich als begehrenswert eingestuft werden würde, und das war das entscheidende Tauschmittel, das Mädchen zur Verfügung stand. Wir wurden nicht für unsere Führungsqualitäten geschätzt oder für unsere Tapferkeit gelobt. Stattdessen brachte man uns bei, wie wir das Beste aus unserer Attraktivität machen konnten. Das und vielleicht noch nett zu sein und schweigen zu können, waren die einzigen Dinge, die für uns sprachen.

Im selben Jahr gingen Charlotte, Christie und ich mit all den anderen zwölf- bis dreizehnjährigen Mädchen jeden Dienstagabend in die „Christian-Charm"-Gruppe in der Gemeinde. Dort klärten uns jede Woche Frauen aus der Gemeinde eine Stunde lang über alle wichtigen Fragen des weiblichen Benehmens auf – wie man Nagellack benutzt, wie man steht, wie man sitzt, wie man redet, wann man redet, welche Farben uns am besten stehen, wie man Make-up auflegt und dergleichen. Vor und nach dem zehnwöchigen Kurs nahmen sie unsere Maße, um zu schauen, welche Fortschritte wir bei der Gewichtsabnahme mit der Kalorientabelle in unserem Arbeitsbuch gemacht hatten. (Die Tabelle war gleich neben der Bibelleseplan-Tabelle abgedruckt.) „Weiblichkeit", so erklärte mir das Arbeitsbuch, war mein „herrlichster Schmuck: Reinheit, ein reines Herz, Freundlichkeit, Sanftmut, Sittsamkeit, Keuschheit, Zurückhaltung".

Blusen mit tiefem Ausschnitt waren im Kurs nicht erlaubt, genauso wenig wie anderes Anzügliches. „Jungen reagieren auf visuelle Reize", wurde uns immer wieder eingeschärft. „Ihr müsst ihnen helfen, nicht der Lüsternheit zu verfallen." Gleichzeitig brachte man uns bei, wir müssten Sorge tragen, so hübsch wie möglich auszusehen.

Jungen mögen hübsche Mädchen. Aber sei nicht sexy. Es sei denn, du bist verheiratet. Dann kannst du sexy sein. Aber nur für deinen Mann. Und vergiss nicht, dich in Sanftmut zu üben.

Ich blicke mit einer Mischung aus Abscheu und Dankbarkeit auf diesen Kurs zurück. Die Frauen, die den Unterricht gaben, erhielten einerseits damit ein verderbliches System weiblicher Unterordnung und männlicher Herrschaft am Leben. Und trotzdem, wenn das nun einmal das einzige Pfand war, das wir Mädchen in der Hand hatten, dann war es andererseits vielleicht auch großzügig und fürsorglich, wenn ältere Frauen uns beibrachten, wie wir das Beste daraus machen konnten. Denn als eines von den Mädchen, die am meisten Hilfe brauchten – ich hatte übrigens das schlechteste Ergebnis bei dem „Wie weiblich bin ich?"-Quiz im Arbeitsbuch[11] –, war ich dankbar für die Hinweise.

Meine bissigen Kommentare über Jungs, die nur Augen für meine hübscheren, kurvigeren Freundinnen hatten, dienten ja nur dem Vernebeln der Tatsache, dass ich sie verzweifelt beneidete, weil sie reich beschenkt waren im Umgang mit ihrer Attraktivität. Ich wollte nämlich gern genauso hübsch gefunden

---

11 Mein Lieblingscomic *Bitch Planet* von Kelly Sue DeConnik benutzte genau dieses Arbeitsbuch als Quelle für sein „Compliance Manual". Siehe https://imagecomics.com/comics/series/bitch-planet.

werden wie sie, ich wollte begehrenswert sein. Das geht mir heute noch so.

In dem Sommer gingen Christie, Charlotte und ich einmal in den Süßigkeitenladen im Einkaufszentrum, um uns Schokolade und Lakritz zu kaufen, aber er war geschlossen. Wir standen da, blinzelten in die helle Julisonne und überlegten, wo die nächste Quelle für Süßzeug sein mochte, als Christie plötzlich flüsterte: „Hey, Leute ...“, und mit dem Kopf verstohlen zur Ecke des Innenhofs hinüberdeutete.

Zuerst verstand ich gar nicht, was ich da sah. Warum in aller Welt trug dieser Mann da in dieser Hitze einen langen Mantel? Und dann sah ich *es*. Ich schaute meine Freundinnen an. Sie sahen es auch. Einen schier endlosen Augenblick lang konnten wir uns nicht rühren und wussten nicht, was wir tun sollten, dann nahmen wir die Beine in die Hand und rannten zurück nach Hause, so schnell wir konnten. Wir hatten ja keine Ahnung, ob der Mann uns folgen würde. Und während meine Sneakers übers Pflaster hasteten, stach mir eine Mischung aus Schweiß und Babylotion in die Augen.

An jenem Tag spürte ich etwas Falsches in meinem Körper. So ähnlich wie das leicht alarmierte Bauchgefühl, als ich meinen ersten Zettel von Alan bekam, aber nun war es kräftiger und brennender. So als ob ein Fremder etwas in meinem Innern eingesperrt hätte, indem er mir einen Teil seines Körpers zeigte, den ich gar nicht sehen wollte.

„Was hast du *gesagt?*", wollte meine große Schwester Barbara wissen, als ich ihr später am Tag erzählte, was passiert war. Wir saßen auf ihrem durchgelegenen alten Bett, und ich gab mir Mühe, älter zu wirken, als ich war, und so zu tun, als machte mir das alles nichts aus. Und als ich erwiderte: „Nichts", da grub sich dieses eingesperrte Ding in mir noch tiefer ein.

„Wir treffen uns nach dem Schlussgebet im Flur, bei der vierten Klasse", stand auf dem letzten Zettel von Alan. Später auf dem Nachhauseweg, nachdem ich mich dort auf dem Flur mit ihm getroffen und er mich gegen die Wand gedrückt hatte, schmeckte ich immer noch sein Salz in meinem Mund.

Jeder Sitz in unserem Chevrolet-Kombi war während der Rückfahrt besetzt, was nicht ungewöhnlich war. In der Kirche lud meine Mutter immer jeden Kadetten der Air Force Academy, den sie finden konnte, ein, bei uns Lasagne zu essen und den Sonntagnachmittag zu verbringen. Mein Vater unterrichtete an der Akademie, und meine Eltern leiteten die Kadettengruppe in der Gemeinde, sodass sich an unserem Esstisch meistens ein paar wie aus dem Ei gepellte, ausnehmend höfliche Studierende drängten, vor allem junge Männer.

An diesem Tag war mein schlaksiger, zwölfjähriger Körper

hinten auf dem mittleren Sitz eingekeilt zwischen zwei Kadetten, während ein anderer Kadett am Steuer saß. Ich schmeckte Alan im Mund und meine heimliche Übertretung kam mir unübersehbar vor. Ob die Kadetten neben mir wussten, was ich gerade getan hatte? Ich konnte an nichts anderes denken als an Alan; alles andere verschwamm. Ein Junge hatte Verlangen danach gehabt, seine Lippen auf meine zu pressen. Ich hatte es geschafft. Ich hatte ihn für mich gewonnen. Er fand mich begehrenswert.

Noch versunken, wie ich war, hatte ich nicht auf das Gespräch der Kadetten geachtet. Doch dann holte mich plötzlich der Name meiner Freundin in die Gegenwart zurück.

Von vorne hörte ich den Fahrer beiläufig sagen: „Charlotte hat sich zu einer ganz schön ... drallen jungen Dame entwickelt." Und die anderen Männer im Wagen nickten schmunzelnd und warfen sich über mich hinweg gegenseitig vielsagende Blicke zu.

„Kann man wohl sagen, Mann", fügte der Kadett zu meiner Rechten hinzu.

Ich habe keine Ahnung, wie es hatte passieren können, dass die Brüste eines anderen zwölfjährigen Mädchens zur Sprache kamen und als akzeptables Gesprächsthema erachtet wurden. Ich weiß nur, dass der Körper meiner schönen, früh entwickelt kurvigen Freundin Charlotte von vier Männern erwähnt, diskutiert und bewertet wurde, während ich dasaß und mich um Zurückhaltung und Sanftmut bemühte und versuchte, so zu tun, als ob ich nichts bemerkt hätte oder es mir nichts ausmachte. Aber es machte mir etwas aus. Als ich hörte, wie erwachsene Männer in einem Ton über Charlottes Körper sprachen, der völlig anders war als der Ton, mit dem sie vielleicht über meinen gesprochen hätten, machte sich eine unangenehme Mischung aus Abscheu und Neid in mir breit. Ich verschränkte die Arme vor meiner flachen Brust.

Als wir nach Hause kamen, ging ich in unserem Terrassenhaus aus den 1960ern die Treppe hinauf zu meinem Zimmer und erbrach mich in meinen leicht angerosteten Holly-Hobby-Papierkorb.

Dreißig Jahre später, einen Tag nachdem mich meine zehnjährige Tochter gefragt hatte, was das für Beulen auf ihrer Brust seien, beobachtete ich sie wieder in ihrer von Cerealien beseelten Trance in unserer Küche. Doch an diesem Tag hielt sie einen Moment inne und starrte ihren hellblauen Teddy an, und zwar ohne zu blinzeln. Dann stand sie auf, riss zwei quadratische gelbe Klebezettel von dem Stapel auf dem Beistelltisch, knüllte sie zusammen und steckte sie ihrem funkelnd blauen Bären unter das weiße Tanktop, einen rechts und einen links unter das Kristallherz. Dann setzte sie sich wortlos wieder hin und aß ihre Cornflakes auf.

Wenn Mädchen sich entwickeln, besonders wenn sie sich früh entwickeln, fangen sie an, sich in einer Weise zu sehen, die sie wahrscheinlich noch gar nicht wollen und jedenfalls noch nicht verstehen. Sie bleiben zwar immer noch Mädchen, und doch werden sie sehr schnell und ohne eigenes Zutun zu Objekten inspizierender Blicke und Wünsche. Und leider wurden die meisten früh entwickelten Frauen, die ich kenne, als Schlampen tituliert.

An diesem Morgen in meiner Küche geriet ich in Panik. Ich hatte Angst, Harper würde sich bald in die Schar der Frauen vor ihr einreihen und zu einem Objekt der Begierde oder der Abscheu anderer werden. Aber ich wollte nicht, dass der Körper meiner Tochter in diese große Attraktivitätssortiermaschine hineingeriet. Ich wollte, dass sie in ihrem Körper frei blieb, sich nicht um seine Attraktivität scherte, keine Angst vor Belästigungen und Angriffen hatte und die Blicke von Männern ignorierte. Ich wollte, dass sie sich in der ureigenen Würde ihres Körpers entspannen und sich darin zu Hause fühlen konnte als in der Gabe Gottes, der er ist.

Und während ich mich um sie sorgte und für sie hoffte und zusah, wie sie ihrem Teddy ein Paar winziger Brüste verpasste, musste ich zum ersten Mal seit vielleicht dreißig Jahren wieder an meine Freundin Charlotte denken. Ich griff nach meinem Handy, öffnete Facebook, tippte „Charlotte Perkins“ ins Suchfeld und erfuhr, dass sie mit achtunddreißig Jahren an Brustkrebs gestorben war.

Während ich dieses Buch schreibe, steckt unser Land mitten in einer Umwälzung, in der *#MeToo*-Apokalypse, wie ich es nennen würde.

Das griechische Wort *Apokalypse* bedeutet „aufdecken, abschälen, zeigen, was darunter ist". Die Art und Weise, wie manche Männer über weibliche Körper reden, sie bedrohen, vor ihnen masturbieren, sie einschüchtern und angreifen, wird endlich aus der dunklen Allgegenwart der persönlichen Erfahrung der Frauen herausgezerrt und ins Licht der öffentlichen Diskussion gebracht. Jeden Tag erdulden Frauen unzählige Arten von Akten männlicher Dominanz. Wenn eine Frau gezwungen ist, entweder über die dreckigen Witze zu lachen, die die Männer an ihrem Arbeitsplatz reißen, oder sich auf soziale oder berufliche Repressalien gefasst zu machen, dann ist das ein Akt der Dominanz.

Wenn ein Mann über einer Frau aufragt, in ihren körperlichen Raum eindringt und ihr etwas erklärt, was sie bereits weiß, dann erinnert sie das körperlich daran, wie leicht sie zu beherrschen ist; es weist sie auf ihren Platz.

Und wenn ein Mann drei kleine Mädchen vor einem Süßwarenladen in die Enge treibt, seinen Mantel öffnet und vor ihnen masturbiert, dann hat das weniger mit einer sexuellen Neigung zu tun als mit Macht. Denn was diesem Mann seine Erektion verschafft, ist seine Herrschaftsbehauptung.

Vom Teppich unserer Kultur wurde eine Ecke umgeschlagen, und darunter haben sich nun Katzenhaare und Staub angesammelt, sodass wir sie nicht wieder festkleben können. Ich sage, wir müssen diese Ecke nehmen und weiter daran ziehen, auch wenn es wehtut.

Und wenn wir ganz tief darunterschauen, soweit es unser Magen verkraftet, dann finden wir ganz in der Mitte eine Häresie.

Friedrich Schleiermacher, ein Theologe des neunzehnten Jahrhunderts, definiert *Häresie* als das, „was den *Schein* des Christentums wahrt und dennoch seinem *Wesen* widerspricht“ [12].

Die Häresie ist folgende: Wir, die wir unsere Dominanz über eine andere Gruppe von Menschen rechtfertigen oder erhalten wollen, haben in der Geschichte immer wieder die Bibel, insbesondere das erste Buch Mose, dazu benutzt zu beweisen, dass diese Herrschaft eigentlich kein Machtmissbrauch auf Kosten anderer sei, sondern tatsächlich zu „Gottes Plan“ gehöre.[13]

Das erste Buch Mose ist eine Ursprungserzählung, wie jede Kultur sie hat. Ursprungserzählungen sagen uns, wie die Welt zustande kam, woher wir kommen und andere wichtige Dinge, zum Beispiel warum Schlangen keine Beine haben. Wir mögen glauben, dass wir unsere eigene Ursprungsgeschichte sehr gut kennen, aber im Bericht vom Garten Eden im ersten Buch Mose fällt auf, dass da einige Elemente fehlen, die durch den Volksmund hinzugefügt

---

12 Und hier haben wir den Schein des Christentums (Bibelverse und fromme Worte) im Widerspruch zu seinem Wesen (Liebe Gott, und liebe deinen Nächsten wie dich selbst).

13 Andere Herrschaftssysteme, die von ihren Nutznießern als „Gottes Plan“ verkauft wurden, sind: Sklaverei, Rassentrennung und ihre moderne Entsprechung, die Masseninhaftierung.

wurden. Zum Beispiel ist da in Wirklichkeit nirgends die Rede von der Ursünde, von einem „Fall aus der Gnade“, von Satan oder von Versuchung. Nicht einmal ein Apfel kommt darin vor.

Aber es hat seinen Grund, dass wir an die Ursünde, Äpfel, Versuchung und einen Fall aus der Gnade denken, wenn wir an das erste Buch Mose denken. Das liegt nämlich daran, dass ein Mann namens Augustinus es so interpretiert hat.

Augustinus war ein nordafrikanischer Bischof und Theologe aus dem vierten Jahrhundert, dessen Schriften das christliche Denken bis heute tief beeinflussen. Die Welt um ihn herum war dabei, sich zu verändern, und er selbst veränderte sich ebenfalls. Also suchte er, wie viele von uns es tun, Orientierung in der Heiligen Schrift. Und seine eigene Version der Geschichte vom Garten Eden klingt folgendermaßen:

Gott schuf das Paradies, damit die Menschen darin leben, aber Eva hat alles vermasselt, indem sie ein Stück Obst aß, das Gott ihr zu essen verboten hatte, und das führte zu einem Fall aus der Gnade. Darum ist nun die ganze Menschheit verflucht, und diese sogenannte Ursünde Evas wurde zu so einer Art, nun ja ... einer Art sexuell übertragener Krankheit.

So hat jeder nach Eva geborene Mensch ihre Ursünde geerbt, und deshalb ist es äußerst wichtig, dass die Männer dominieren – sie müssen die Frauen unter Kontrolle halten, damit sie der Menschheit nicht noch mehr Scherereien machen.

Wenn wir uns also anschauen wollen, wo die kirchlichen Überzeugungen hinsichtlich Sex, Körperlichkeit und Gender herkommen, müssen wir uns klarmachen, dass die Theologie des Augustinus und seine Auslegung der biblischen Geschichten ihre Wurzeln in seiner eigenen Scham hatten. Augustinus hatte nämlich Scham empfunden über seine eigenen sexuellen Neigungen wie auch Reue über sein ausschweifendes Verhalten vor seiner Bekehrung zum Christentum.[14]

Angeblich schlug die Scham des Augustinus Wurzeln, als er als Jugendlicher in einem römischen Bad eine Erektion bekam. Das war sicher peinlich, doch Augustinus war so verstört durch seine eigene Scham, seine Erektionen nicht unter Kontrolle zu haben, dass er ein Jahrzehnt damit verbrachte, eine theologische Abhandlung zu schreiben. In dieser Abhandlung nahm er sich vor zu beweisen, dass die wichtigste Eigenschaft des Paradieses vor dem Sündenfall die war, dass Adam seine Erektionen nach Belieben steuern konnte. Ehe Eva alles durcheinanderbrachte.

Ich habe Mitleid mit ihm. Augustinus hatte seine *Probleme*, so wie wir alle. Und natürlich war es völlig in Ordnung, dass er seine persönlichen Anliegen in das Projekt der Bibelauslegung mit einbrachte. Das darf er genau wie alle anderen.

Aber wir müssen aufhören, sein Päckchen und unser Päckchen und das Päckchen unseres Pastors und das Päckchen unserer Eltern mit Gottes Willen zu verwechseln. Denn während viele der Lehren des Augustinus über Generationen hinweg in Ehren gehalten wurden, hat er sich mit seinen Ideen über Sex und Gender im

14 „How St. Augustine Invented Sex“, von Stephen Greenblatt (*The New Yorker*, June 19, 2017).

Grunde nur ausgekackt, und die Kirche hat das Ergebnis in Bernstein eingegossen. Doch statt zu erkennen, dass wir es hier mit der persönlichen Psychokacke eines einzigen Mannes zu tun haben, dachten wir, es käme direkt von Gott. Wir ignorierten die schädliche Wirkung, die diese Lehren auf Menschen wirklich haben, und die Art und Weise, wie sie zu dem sexuellen Fehlverhalten beigetragen haben, das jetzt immer stärker in unser Bewusstsein rückt. Denn im Grunde ist das Problem hinter den meisten sexuellen Belästigungen und Fehltritten die männliche Dominanz, von der uns die Religion oft weismacht, sie sei „Gottes Wille".

Tertullian, ein anderer sehr einflussreicher Theologe der frühen Kirche, deutete die Eden-Geschichte so, dass die Frauen die *Imago Dei* – die Ebenbildlichkeit Gottes – in den Männern zerstört hätten. Er war es auch, wie das Zitat zu Beginn dieses Kapitels zeigt, der Meinung, Frauen seien schuld am Tod Jesu. Deshalb schrieb er, sei es „Gottes Wille", dass Männer Macht über Frauen ausüben.

Und genau deswegen heiße ich unsere derzeitige Apokalypse willkommen. Als Mutter einer Tochter, die inzwischen ein Teenager ist, begrüße ich diesen Moment kultureller Bloßstellung, denn wir müssen uns bewusst machen, wie tief die Häresie der männlichen Herrschaft tatsächlich reicht.

Und als Mutter eines Sohnes im Teenageralter finde ich, dass wir uns auch damit auseinandersetzen müssen, welcher Schaden durch die Häresie der männlichen Herrschaft auch den Männern zugefügt wurde.

Kürzlich überraschte mich eine Freundin mit einem Exemplar von *Man in Demand*, dem männlichen Gegenstück zu dem *Christian-Charm*-Arbeitsbuch für Mädchen, geschrieben von derselben Autorin (natürlich zusammen mit ihrem Mann). Ich hatte keine Ahnung, dass es das überhaupt gab, aber da hatte ich sie nun auf achtzig schlecht illustrierten Seiten vor mir – eine Anleitung zur Männlichkeit. Seite für Seite ging es darum, Selbstvertrauen aufzubauen und Gottes Plan für das eigene Leben herauszufinden. Einen Plan, der auf jeden Fall beinhaltete, dass man tadellose Manieren, einen energischen Gang und einen maskulinen Haarschnitt hatte.

Allmählich begriff ich, wieso meine männlichen Gemeindeglieder, ob nun schwul oder hetero, mir in Gesprächen immer wieder von der Scham erzählen, die sie einfach darüber empfunden haben, wer sie waren: zu kreativ, zu weich, zu still. Und eben nicht dominant.

Aber ich gebe mich nicht damit zufrieden, nur den Schaden zu benennen, den diese Lehren angerichtet haben, und es dabei zu belassen. Die Schöpfungsberichte gehören *uns* allen. Und wenn sie einst durch die Kirche benutzt wurden und Schaden brachten, dann lasst sie uns jetzt dazu benutzen, ihn zu heilen. Suchten unsere Vorfahren im ersten Buch Mose nach einer Rechtfertigung für die Herrschaft, so können wir heute im ersten Buch Mose nach einer Rechtfertigung für das Gegenteil suchen: Würde.

Im ersten Buch Mose steht geschrieben:

Und Gott schuf den Menschen zu seinem Bilde,
zum Bilde Gottes schuf er ihn;
und schuf sie als Mann und Frau.

Alle Menschen sind ins männliche und weibliche (nicht zum männlichen *oder* weiblichen) Ebenbild Gottes geschaffen, und Gott ging sogar so weit, einen menschlichen Körper anzunehmen und als Jesus unter uns zu leben. Ich glaube, das ermöglicht uns allen, Dominanz rigoros zurückzuweisen und auf ihrem Gegenteil zu bestehen: auf Würde.

Dadurch, dass wir Träger des Ebenbildes Gottes sind, haben wir das Recht, auf Selbstbestimmung über unseren Körper und unser Vergnügen und unser Herz zu bestehen, und dieser Tatbestand zwingt uns sogar dazu, auf derselben Selbstbestimmung für andere zu bestehen. Gottes Ebenbild gibt uns das Recht, Belästigung, Angriffe, die Sexualisierung von Kindern und alles andere anzuprangern und zurückzuweisen, was die innewohnende Würde des menschlichen Körpers beeinträchtigt.

Würde, ob nun die Eigenschaft oder der Zustand, würdig zu sein, kommt insofern aus unserem Ursprung, nicht aus unserer eigenen Anstrengung. Viele von uns haben aber von der Kirche gelernt, dass wir erst würdig werden dadurch, dass wir als Mädchen hübsch und sanftmütig sind oder als Junge selbstbewusst und ein starker Anführer sind. Dementsprechend haben wir versucht, uns selbst und unser Verhalten, unser Gewicht wie auch unsere Frisur, unser Mienenspiel und unsere Persönlichkeit in die Form zu bringen, von der wir dachten, dass sie Gottes Willen für uns entspricht.[15] Als könnten wir uns verdienen, was uns bereits geschenkt wurde.

Tertullians schlaffe Interpretation der Schöpfung geht auf ganz grundlegende Weise in die Irre: Die *Imago Dei* kann nämlich gar nicht beschädigt, geschweige denn beseitigt werden!

Was für eine schwache Sicht Gottes, wenn man sagt, das Bild Gottes selbst könnte zerstört werden. Tut mir leid, Tertullian, aber so mächtig sind Frauen nicht. Männer übrigens auch nicht. Und genauso wenig das System der männlichen Herrschaft und der sexuellen Schikanen oder ein Lehrgang, in dem zwölfjährige Mädchen ihre Körpermaße nehmen und lernen müssen, sich still zu verhalten.

---

15 Sowohl in *Man in Demand* als auch in *Christian Charm* waren Seiten enthalten, die sich damit befassten, welche Gesichtsausdrücke, welche Frisuren und welche Körperhaltungen christlich seien.

WIE WEIBLICH BIN ICH?

Habe ich mehr „weibliche“ als „unweibliche“ Eigenschaften?
(Bitte ankreuzen!)

DIESE ZERSTÖREN WEIBLICHKEIT	DIESE VERVIELFACHEN WEIBLICHKEIT
☐ Unförmige, schlaffe Figur	Schlanker, straffer Körper ☐
☐ Trägheit	Lebhaftigkeit ☐
☐ Ungepflegte Erscheinung	Sorgfältige Körperpflege ☐
☐ Maskuline Kleidung	Zierende, hübsche Kleidung ☐
☐ Älter wirkender, gewagter Stil	Jugendlicher, mädchenhafter Stil☐
☐ Offenherzige Kleidung	Sittsame Kleidung☐
☐ Auffällige Kleidung	Dezente, konservative Kleidung ☐
☐ Grelles Make-up	„Natürliches“ Make-up ☐
☐ Maskuline, kurze Frisuren	Weiches, sauberes Haar ☐
☐ Ausdruckslose Miene	Bereitwilliges Lächeln ☐
☐ Tabakgeruch	Feines Parfüm ☐
☐ Verfärbte Finger	Saubere, schöne Hände ☐
☐ Zigaretten rauchen	Tabak meiden ☐
☐ Alkohol trinken	Alkohol meiden ☐
☐ Schlüpfrige Witze erzählen	Reine Redeweise ☐
☐ Schmutzige Bücher lesen	Reinheit der Gedanken ☐
☐ Ungelenker Gang	Schöner, graziöser Gang ☐
☐ Im Sessel herumlümmeln	Anständig sitzen ☐
☐ Nachlässige Haltung	Königliche Haltung ☐

☐ „Lautes“ Mundwerk	Leise, sanfte Redeweise ☐
☐ Raue, heisere Stimme	Angenehmer Klang der Stimme ☐
☐ Saloppe Ausdrücke	Feine Ausdrucksweise ☐
☐ Böswilliger Klatsch	Freundliche Zunge ☐
☐ Fluchen und Kraftausdrücke	Ehrerbietige Haltung ☐
☐ Streitlust	Friedfertigkeit ☐
☐ Aufbrausendes Verhalten	Selbstbeherrschung ☐
☐ Dominante Haltung	Rücksicht auf andere ☐
☐ Ungestüme Wildheit	Damenhafte Zurückhaltung ☐
☐ Eingebildetes Gehabe	Aufrichtigkeit, Natürlichkeit ☐
☐ Nachttragend sein	Vergeben und vergessen ☐
☐ In den Mittelpunkt stellen	Würde und Selbstachtung ☐
☐ Unehrenhaftes Handeln	Makellose Integrität ☐
☐ „Leicht zu haben“ sein	Ehrbarkeit und Tugend ☐
☐ Pessimismus	Optimismus ☐
☐ Einbildung/Eitelkeit	Bescheidenes Selbstbewusstsein ☐
☐ Unkeuschheit	Sexuelle Reinheit ☐
_________ PUNKTE	PUNKTE _________

NEIN, SIE IST KEIN JUNGE!
(Sie versteckt nur ihre weiblichen Eigenschaften.)

Hunter, Emily: Christian Charm Course, Eugene: Harvest House, 1985. Abdruck mit Genehmigung von Harvest House.

3.
DEN SCHEISS GIBT'S UMSONST

Im Wesentlichen geht es bei „True Love Waits" um ein persönliches, schriftlich verfasstes Versprechen an Gott, von diesem Tag an bis zum Tag der Hochzeit sexuell enthaltsam zu leben. ... Studenten, die sich dafür entscheiden, ihr Leben nach dem Plan Gottes auszurichten, erleben die Freude, die er ihnen zugedacht hat. Diejenigen, die es nicht tun, leben mit den natürlichen Konsequenzen ihrer Entscheidungen: Schuldgefühle, Krankheit, gebrochene Herzen und Beziehungen, geschädigte Kinder, Depressionen und sogar Tod.

Richard Ross, aus: *True Love Waits Study Bible*

Das House for All Sinners and Saints war erst zwei Jahre alt, als Stuart, unsere Gemeindetranse (Shirley Delta Blow) einen Vorschlag machte, der sich als die beste gemeindliche Haushalterschaftskampagne aller Zeiten entpuppte.

Eine kleine Gruppe saß in meinem Wohnzimmer zusammen und beriet darüber, wie Haushalterschaft im HFASS aussehen könnte. Genau genommen bezieht sich der Ausdruck „Haushalterschaft" auf die Aufgaben einer Person, der etwas anvertraut wurde, aber in der Praxis ist er nur ein frommer Code für gemeindliches Fundraising. Wir wussten zwar nicht genau, wie die Kampagne unserer Gemeinde aussehen sollte, aber uns war immerhin klar, dass wir die Art und Weise, wie die meisten Gemeinden über Geld reden, abstoßend fanden.

Als wir darüber diskutierten, meldete sich Stuart zu Wort: „Hey, ich weiß!"

Wir alle schauten ihn an, neugierig, was nun kommen würde.

„Wir machen T-Shirts!", sprudelte es aus Stuart in seiner typisch begeisterten Art heraus. „Vorne steht drauf: ‚Den Scheiß gibt's nicht umsonst.' Und hinten dann: ‚Also kommt rüber mit dem *Zehnten*, ihr Ärsche!'"

Nachdem wir alle endlich wieder normal atmen konnten, saßen wir mit Chips und Guacamole um meinen Couchtisch herum und unterhielten uns ernsthaft über die manipulativen Predigten über Spenden für die Gemeinde, die wir schon gehört hatten. Ich erzählte, dass der Prediger in der *Church of Christ*, in der ich aufwuchs, jedes Jahr einmal über das Gleichnis von den Talenten predigte. Er jagte uns allen eine Heidenangst ein, indem er behauptete, all unser Geld gehöre Gott, und wenn Gott am Ende der Welt wiederkommt und feststellt, dass wir Gott nicht zurückgegeben haben, was Gottes ist (womit er meinte, es der

Gemeinde zu geben), dann erwarte uns alle irgendeine nicht näher definierte Strafe.

Heute, wo ich eine gewisse Distanz zu diesen Holzhammerpredigten gewonnen habe, fange ich an, die geistliche Disziplin der Großzügigkeit zu schätzen. Außerdem frage ich mich in letzter Zeit, ob dieses Gleichnis vielleicht auch etwas über unser Thema der sexuellen „Reinheit" zu sagen hat.

Im Gleichnis von den Talenten (Matthäus 25,14–20) geht es um Folgendes: Ein reicher Mann gibt ein riesiges Vermögen weg (ein „Talent" meint hier eine unermessliche Geldsumme und nicht, wie man denken könnte, eine besondere Fähigkeit, wie etwa das Jonglieren oder Stepptanzen zu können). Er teilt diesen Schatz auf seine drei Diener auf und begibt sich auf eine Reise. Interessant finde ich, dass er jedem Diener eine andere Summe gibt, je nach dessen Tüchtigkeit (auf Griechisch *dynamis*, was „Kraft" oder „Leistungsfähigkeit" bedeutet), was mir deutlich macht, Menschen sind einfach unterschiedlich.

Die ersten beiden halten den Geber der Gabe für einen guten Mann und seine Gabe für etwas Gutes, sie investieren das Geld gewinnbringend und alles gedeiht prächtig. Der dritte Diener jedoch macht es ganz anders, und zwar hauptsächlich deshalb, weil er dem reichen Mann nicht über den Weg traut. Obwohl der Reiche auch dem dritten Diener einen Teil seines märchenhaften Vermögens anvertraut hat, hat der Diener fürchterliche Angst vor ihm, weil er ihn für hart und rachsüchtig hält. Seiner Meinung nach ist der Schatz keine Gabe, sondern ein Trick.

Weil er also zu viel Angst hat, um etwas mit dem Geld anzufangen, zu viel Angst, um Risiken damit einzugehen, gräbt der dritte Diener ein Loch und versteckt es darin. Statt das Geld zu benutzen, um herauszufinden, wie seine persönlichen Stärken und Fähigkeiten mittels einer solchen Gabe zum Leben erwachen könnten, hält dieser Diener das ihm Anvertraute furchtsam versteckt.

Schließlich kehrt der Herr zurück und gratuliert den ersten beiden Dienern dazu, was sie aus dem, was er ihnen anvertraut hat, gemacht haben, und sie „gehen hinein zu ihres Herrn Freude". Als er aber hört, dass der dritte Diener sein Talent vergraben hat, weil er Angst hatte, wird er richtig sauer. Die Folge: äußerste Finsternis. Heulen. Zähneklappern.

„Ich erinnere mich an unzählige Predigten über dieses Gleichnis", sagte ich den Leuten an jenem Tag in meinem Wohnzimmer. „Es kam mir immer so vor, als ob der Prediger mit der Angst vor dem Gericht Gottes eine Steigerung des Zehnten erreichen wollte." (Kaum kam mir das Wort „Zehnten" über die Lippen, warf Stuart ein: „Ihr Ärsche!")

Wir neigen zu solchen Manipulationen, weil oft Geld ein Thema ist, das uns Angst einjagt. Angst, dass wir nicht genug davon haben, Angst, dass wir nie genug ansparen können, um den Ruhestand ohne Sorgen und Mühen zu genießen, Angst, dass unsere Ersparnisse durch eine einzige Krise dahin sein könnten. Aber Geld ist auch ein Thema, das Scham auslöst: Scham darüber, arm zu sein; Scham darüber, reich zu sein; Scham darüber, wie wenig wir für gute Zwecke spenden; Scham darüber, wie viel wir für Kaffee ausgeben; Scham über die hohen Schulden, die wir haben. Je mehr Angst und Scham wir mit einer Sache verbinden, desto leichter sind wir zu manipulieren – durch die Kultur, durch die Werbung und besonders durch die Kirche.

Für viele von uns ist auch Sex ein Thema voller Angst und Scham. Angst vor Ablehnung, Angst vor Einsamkeit, Angst, nie eine Liebespartnerin oder einen Liebespartner zu finden. Angst davor, diesen verletzlichen Teil von uns zu zeigen, nachdem wir körperlich angegriffen worden sind. Angst davor, frei und ungehemmt zu sein. Und dann ist da auch die heimtückische Schwester der Angst, die Scham. Scham darüber, dass wir schon zu jung sexuell aktiv waren. Scham darüber, dass wir bis dreißig jungfräulich geblieben sind. Scham darüber, dass wir in einer Ehe ohne Sex leben. Scham darüber, dass wir eigentlich gar keinen Sex mit den Leuten wollen, von denen uns die Religion sagt, dass wir ihn mit ihnen wollen sollten. Scham darüber, dass Sex uns überhaupt nicht interessiert. Scham darüber, dass wir irgendwie ständig Sex wollen.

Und genau wie beim Geld kann auch diese Gabe sich in vielfacher Weise in einen Fluch verwandeln.

Vor Kurzem probierte ich in Annie's Café an der Colfax Avenue in Denver mit meinen Gemeindegliedern Sara und Tim den Umgang mit einem Begriff aus, der selbst für mich total neu war. Tim, hübsch und hellhäutig, ist ein begeisterter Fahrradfahrer, und Sara, eine Bäckerin, hat große braune Augen und volle Wangen, die verraten, wie sie als Kind ausgesehen haben muss. Beide sind als konservative Evangelikale aufgewachsen. Sie sind neunundzwanzig und einunddreißig Jahre alt und seit drei nicht ganz einfachen Jahren verheiratet.

„Ihr kennt doch den Begriff Haushalterschaft, oder?", fragte ich die beiden aus heiterem Himmel, während wir in die Speisekarte guckten. „Ich denke gerade über *sexuelle* Haushalterschaft nach. Klingt das irgendwie verrückt?"

„Nö", antwortete Tim und blickte dabei nicht einmal von seiner Karte auf. „Finde ich gut."

Wir redeten eine Weile über die Arbeit und die Familie, bis unser Essen kam, und dann fragte ich die beiden, was ihre Gemeinde ihnen über Sex beigebracht und welche Auswirkungen das auf sie gehabt hatte. Tim und Sara erklärten mir, ihnen sei so etwas wie eine Art Ablaufplan vermittelt worden, wie es laufen sollte, wenn man befreundet und verlobt ist.

Dieser Plan ging ungefähr so: Wenn du mit jemandem (vom anderen Geschlecht, versteht sich) befreundet bist, solltest du sexuell „nicht zu weit gehen". Theoretisch hört sich das einfach an, aber in der Praxis kann das ganz schön verwirrend sein. Denn wie weit ist denn „zu weit"? Darauf scheint niemand eine genaue Antwort zu wissen. Und so wird die Freundschaft zu einem ständigen Tauziehen zwischen Verlangen und Ängsten. Knöpfe werden aufgemacht und dann hastig wieder zugemacht. Körperteile werden berührt, doch dann zuckt man gleich wieder zurück wie ein Vampir vor dem Knoblauch. Und die Angst davor, Gott und die eigenen Angehörigen zu enttäuschen, führt viele unverheiratete christliche Paare letztlich dazu, ihrer natürlichen sexuellen Anziehung zueinander zu widerstehen.

Trotz all dieser verwirrenden Botschaften begannen Tim und Sara ihre Ehe in der Zuversicht, Gott „gehorsam" gewesen zu sein und den Plan befolgt zu haben. Aber nun waren sie sich nicht mehr so sicher, ob das wirklich eine gute Idee war. Denn das, was ihnen beigebracht wurde, hat letzten Endes bei ihnen nicht funktioniert – und es funktioniert bis heute nicht.

Für Sara war Sex anfangs unglaublich schmerzhaft und für Tim folglich unglaublich frustrierend. Beide spürten Unzulänglichkeit, Zorn und Verwirrung und gaben abwechselnd sich selbst und dem anderen die Schuld daran. Man hatte ihnen gesagt, wenn sie sich an die Regeln hielten, würden sie ihren Sex als befriedigender und aufregender erleben als Paare, die schon vor der Ehe miteinander geschlafen hätten. Ihr Sex würde besser sein, weil er rein war. Aber als sie dann heirateten, fanden sie heraus, dass das alles Blödsinn war. Die ganze Erfahrung war bloß eine niederschmetternde Enttäuschung.

„Ich habe alles richtig gemacht. Ich war ein braves Mädchen", erzählte Sara, während sie, Tim und ich uns einen Teller Pommes teilten. „Ich war auf der Bibelschule. Und ich hatte keinen Sex vor der Ehe. Und ... es hat nicht funktioniert."

Die Probleme in ihrem Schlafzimmer führten rasch zu anderen heftigen Auseinandersetzungen und breiteten sich in alle anderen Lebensbereiche aus. Und als Sara merkte, dass ihre Beziehung in Gefahr war, suchte sie in christlichen Frauenratgebern nach Hilfe, wie sie ihre Ehe verbessern könnte.

„Im Wesentlichen beschrieben die Bücher Wege, meinen Mann zu manipulieren, indem ich Lippenstift trage und Sachen koche, die er gerne mag", sagte sie kopfschüttelnd. Aber Lidschatten, Lipgloss und gut durchwachsene Steaks halfen auch nicht weiter.

Tim war genauso verwirrt und verzweifelt wie sie. Nichts half. „Ein guter christlicher Ehemann und das geistliche Haupt der Familie zu sein war die einzige Identität, die ich haben durfte, so war es mir immer eingetrichtert worden", sagte Tim. „Aber ich habe nie so richtig dieser Identität entsprochen. Ich kam mir immer wie ein Versager vor, weil ich nicht männlich genug war."

Mit dem Gleichnis von den Talenten im Hinterkopf fragte ich Tim und Sara, was ihre Gemeinde ihnen über Gott erzählt hatte, wenn es um Sex und den Umgang mit dem eigenen Körper ging. Ich wollte wissen: Waren sie wie der Diener, der sein Talent vergrub? Und falls ja, welche Sicht von Gott hatte sie dazu getrieben?

„Ich habe Gott immer als jemanden verstanden, der irgendwie gruselig und leicht zu enttäuschen ist", erwiderte Tim. „Mir wurde gesagt, Gott sei immer dabei und sehe es, wenn ich masturbiere, und er sorge dann dafür, dass ich mich deswegen schlecht fühle. Gott würde mich sexuell nur dann segnen, wenn ich mich an den Plan halte, und er wäre enttäuscht von mir, wenn ich nicht bestimmten ‚Männerregeln' entspreche, zum Beispiel ein geistlicher Leiter zu sein und Versuchungen zu widerstehen."

Tim und Sara lernten in der Kirche, dass Gott jede ihrer Bewegungen beobachtete und mit einem Kopfschütteln quittierte, sobald ihm etwas nicht gefiel. Wie ein kontrollsüchtiges Arschloch mit einem perfekten Überwachungssystem. Und eine gewisse Zeit lang funktionierte diese Art von Theologie bei Tim und Sara, wie bei so vielen, die ich kenne. Sie vergruben ihr natürliches sexuelles Empfinden, um dem Herrn zu gefallen. Und sie gingen mit der Erwartung in die Ehe, ihr Sexleben würde später entsprechend gesegnet sein.

Eine Theologie zu haben, ist wichtig, wenn wir über das Thema sexuelle Haushalterschaft reden, denn das Gleichnis von den Talenten zeigt uns, wie unser Verständnis von Gott auch bestimmt, wie wir damit umgehen, was Gott uns anvertraut hat. Wird es uns Fülle und Freude bringen oder Angst und Scham? Letztlich prägt unsere Sichtweise, wie wir unseren Schöpfer verstehen, auch die von uns selbst und anderen.[16]

Ich würde mal sagen, dass jede Theologie, die davon ausgeht, Gott habe die Menschen wie Ratten in ein riesiges Labor-

16 Das hat sich bei Gehirnuntersuchungen gezeigt, die der Neurologe Andrew Newberg durchgeführt hat. Siehe Andrew Newberg und Mark Robert Waldman, *How God Changes Your Brain: Breakthrough Findings from a Leading Neuroscientist* (New York: Ballantine Books, 2009).

experiment gesetzt und traktiere uns nun mit Elektroschocks für schlechtes Verhalten und mit Futterkugeln für gutes, eine schlechte Theologie ist. Dasselbe gilt für jede Theologie, die davon ausgeht. Obwohl Gott die Menschheit in einer alle Vorstellungen sprengenden Vielfalt geschaffen hat, gefalle ihm nur eine bestimmte Art von Menschen.[17] Dieses Verständnis von Gott hat viele von uns dazu verleitet, den Schatz ihrer Sexualität aus Angst zu vergraben. Wir verleugnen unsere Natur, Identität und Wünsche, um einen leicht zu enttäuschenden Gott nicht zu erzürnen. Mit dem Ergebnis: Leid, äußerste Finsternis - doch das liegt nicht an Gott.

Dabei ist der Plan, den man Tim und Sara mit auf den Weg gegeben hat - der Plan, der ihnen sagte, sie müssten bis zur Ehe zölibatär leben und sich an bestimmte Geschlechterrollen in ihrer Beziehung halten, damit sie gesund und gottgefällig unterwegs seien - eigentlich gar kein Plan, um Gott zu gefallen. In mancher Hinsicht ist er bloß die Beschreibung eines bestimmten Typs.

---

17 Der Pastor und Theologe Robert Capon spricht davon: „Die Kirche hat sich im Großen und Ganzen nicht sehr hervorgetan damit, zur Freiheit zu ermutigen. Sie hat so viel Zeit damit verbracht, uns Angst einzuflößen davor, Fehler zu machen, dass sie uns zu so etwas wie schlecht unterrichteten Klavierschülern gemacht hat: Wir spielen unsere Lieder, aber wir hören sie eigentlich nie, weil es uns in erster Linie nicht darum geht, Musik zu machen, sondern möglichst keinen Schnitzer zu machen, der uns in Schwulitäten bringt.“ *Between Noon and Three: Romance, Law, and the Outrage of Grace* (Grand Rapids, MI: Eerdmans, 1997), S. 148.

„Meiner Schwester haben dieselben Botschaften, die mich haben scheitern lassen, überhaupt nicht geschadet", sagte Tim. „Bei ihr hat es funktioniert, sich an diesen Plan zu halten. Sie kommt wunderbar klar in ihrer Ehe und auch sonst."

Aber der Punkt, den die Kirche zum großen Teil offenbar ignoriert, ist: Tims Schwester kommt nicht deshalb wunderbar klar, weil sie nun einmal rechtschaffen ist. Sondern einfach, weil sie zufällig von Natur aus die Art von Person ist, die in dem Plan beschrieben wird – cisgender, heterosexuell, feminin, nett, christlich und jungfräulich bis zur Ehe. An alledem ist nichts Verwerfliches. Aber das macht sie nicht zu etwas Besonderem für Gott.

Ich denke zurück an mein Gespräch mit Meghan auf dem Bühnenrand. Es gibt da draußen Menschen, bei denen alles, was ihnen die Kirche gelehrt hat, funktioniert. Leute, die tatsächlich erfüllenden Sex erlebten, nachdem sie als Verlobte jungfräulich geblieben sind. Leute, die sich tatsächlich wohlfühlen in den Geschlechterrollen, die ihnen die Kirche oft vorschreibt. Und dann fällt mir wieder ein, wie Meghan ihren Daumen und Zeigefinger aneinanderhielt und sagte: „Ja, und so klein ist dieser Kreis." Nicht einmal Tim und Sara – cisgender, heterosexuell, gläubig und verheiratet – passen in diesen Kreis der Leute, denen die Lehren ihrer Kirche über Sex wirklich geholfen haben. Aber das liegt nicht daran, dass sie irgendetwas falsch gemacht hätten; es liegt an der schlechten Theologie und ihren Auswirkungen.

So wie der reiche Mann im Gleichnis wusste, dass jeder der drei Diener anders war, und ihnen deshalb unterschiedliche Talente gab, bedeutet sexuelle Haushalterschaft, dass wir erkennen, das jeder von uns anders verdrahtet ist, andere Bedürfnisse hat, andere Sünden, Gaben und Empfindungen. Daher ist an diesem Punkt unsere *Aufmerksamkeit* gefragt.

Für Gott ist jeder anders, aber niemand ist besonders. Du bist niemand Besonderes, weil du straight bist. Oder schwul. Oder ein Mann. Oder cisgender. Oder trans. Oder asexuell. Oder verheiratet. Oder ein Sexprotz. Oder eine Jungfrau. Wir alle haben denselben Gott, der in uns dasselbe Ebenbild angelegt und uns unvollkommenen Menschen so überwältigende Dinge anvertraut hat wie Sexualität, Kreativität und die Fähigkeit, als Individuen zu lieben und geliebt zu werden, wie wir sind. Die Kirche mag ein Karussellbewässerungssystem aufstellen für all diejenigen in dem kleinen Kreis, aber Gott versorgt mit Regen. Wir haben diesen *Regen* nicht verdient und wir können ihn nicht steuern. Wir entscheiden nicht, wo es regnet oder wie viel. Dieser Scheiß ist umsonst.

Tim und Sara verstehen das allmählich. Nachdem der Plan, den sie einst in der Kirche mitbekommen hatten, sie im Stich ließ, fühlte es sich für eine Weile an wie äußerste Finsternis, aber jetzt fangen sie an, die Dinge wieder hervorzuholen, die sie vor langer Zeit vergraben haben. Das letzte Jahr haben sie einzeln wie gemeinsam eine Therapie gemacht und sich damit beschäftigt, wer sie als Menschen wirklich sind. Tim schämt sich nicht mehr dafür, kein geistlicher Leiter zu sein. Und Sara hat herausgefunden, dass sie ihren Mann nicht verändern oder manipulieren muss; sie kann ihn einfach lieben als den, der er ist. Kein Plan mehr, dem es zu folgen gilt. Es passt nun einmal nicht alles für jeden und vielleicht war das auch nie so gedacht.

„Außerdem", fügte Sara hinzu, „werden wir keine Kinder bekommen. Vor dem vergangenen Jahr habe ich das nie auch nur in Erwägung gezogen, aber nachdem wir den Plan einmal losgelassen hatten, wurde uns selbst klar, dass nicht jedes junge Paar Kinder haben oder Kinder wollen muss."

Tim und Sara sind dabei, sie selbst zu werden und sich als Paar gegenseitig wirklich wahrzunehmen und zu lieben mit all ihren Macken und mit all ihrer Schönheit. Gott hat ihnen etwas anvertraut, das ihnen und nur ihnen gehört, und sie lernen nun, damit zu haushalten, so gut es unvollkommene Menschen eben können. Und das ist gut so.

„Wartet mal", sagte ich, als wir gerade aufstehen und gehen wollten. „Ich wollte noch eine Sache ansprechen, bevor wir gehen. Hört sich vielleicht ein bisschen komisch an."

Sara und Tim sahen mich neugierig an. Vielleicht rechneten sie jetzt mit einer seelsorgerlichen Ermahnung. Stattdessen nannte ich ihnen einen der Gründe, warum ich beschlossen habe, dieses Buch zu schreiben.

Mein Mann, mit dem ich fast zwanzig Jahre verheiratet war, und ich wussten nicht, wie wir zueinanderfinden sollten. Es war nicht seine Schuld. Er ist ein guter Mann und wunderbarer Vater. Aber es gab da etwas in mir, was lange Zeit wie abgeschaltet war. Für uns beide war es wie die Hölle, aber schließlich schafften wir es, uns dieser Wirklichkeit zu stellen und mit unserer Familie durch eine freundschaftliche Trennung und Scheidung zu gehen.

Als ich dann meinen jetzigen Freund kennenlernte, fühlte ich mich mit ihm, meinem Körper, meinen Wünschen und meiner erotischen Natur aufs Tiefste verbunden. Es war, als ob mein ganzer Geist sich häutete. Das machte mich weicher, schloss mein Herz auf und schaffte den klebrigen Unrat aus meinem Hirn. Es tat einfach *gut*. Es war nicht perfekt. *Gut.*

Gut wie menschliche Körper. Gut wie Schokoladenkuchen. Gut wie damals, als Gott sah, was er gemacht hatte, es ansah und sagte, es sei gut.

„Manche Pastoren wollen darüber informiert sein, wenn ihre Gemeindeglieder Geld für die Gemeinde spenden", fuhr ich fort. „Sie gehen davon aus, dass Haushalterschaft ein Zeichen für geistliche Gesundheit ist, dass Menschen – wenn sie verstehen, dass alles, was sie haben, ein Geschenk von Gott ist – frei und gerne geben können."

Tim und Sara rutschten auf der Bank herum und schauten einander vielsagend an. Sie hörten so etwas nicht zum ersten Mal.

„Aber", fügte ich hinzu, „meine Erfahrung und eure Geschichte und die Geschichten von vielen unserer Leute im HFASS haben mich ins Fragen gebracht: Vielleicht kann ja ein gutes Sexleben – wie immer das für jeden von uns persönlich aussehen mag – auch ein Zeichen geistlicher Gesundheit sein. Als eure Pastorin möchte ich, dass dieser Teil eures Lebens und eure Beziehung *gut* sind. Ich möchte, dass euer Sexleben frei von Furcht und Scham ist, dass es voller Freude ist und dem entspricht, wer ihr als Individuen seid, weil es eine heilige, anvertraute Gabe Gottes ist."

Sie lächelten und sagten: „Wir sind genau dahin unterwegs." Anschließend standen wir auf, nahmen uns in die Arme und verabschiedeten uns.

Auf der Fahrt nach Hause musste ich an das Treffen in meinem Wohnzimmer denken, bei dem wir über unsere Maßnahmen für finanzielle Haushalterschaft gesprochen hatten. Was dabei letztlich herauskam – abgesehen davon, dass wir uns alle wünschten, wir könnten uns tatsächlich Stuarts T-Shirts machen –, war, dass wir keinen Haushaltsplan erstellen würden. Stattdessen würden wir lediglich unsere finanziellen Bedürfnisse und Hoffnungen darstellen, ohne großes Tamtam oder emotional aufgeladene und manipulative Predigten. Wenn die Leute spenden wollten, würden sie spenden, jeder nach seinen finanziellen Möglichkeiten.

Wenn man dir eingeredet hat, Gott versucht dich reinzulegen, wenn man dir gesagt hat, deine Sexualität sei nur dann gut, wenn sie sich in einem winzigen Kreis abspielt, dann hat man dich angelogen, und das tut mir sehr leid. Gott hat dir etwas anvertraut, und es war nie seine Absicht, dass es vergraben wird.

Wie immer ein erfülltes Sexualleben für dich aussehen mag, ich wünsche dir, dass du es in deinem Leben erfährst. Wir sollten also versuchen, gute Haushalter über unsere Körper zu sein, Freude über unseren von Gott geschaffenen Körper zu empfinden, ehrlich mit unseren Unzulänglichkeiten umzugehen und die Gnade des göttlichen Regens aufzusaugen. Wir sollten die Schönheit und Freude an unserem eigenen menschlichen Körper genießen und einander zutrauen, unsere Gaben der Sexualität unserer dynamis, unserer Kraft und Fähigkeit, entsprechend zu leben. Und wir sollten mit uns selbst und anderen, was auch immer sie anvertraut bekommen haben mögen, so umgehen, als wären wir alle heilig. Denn das sind wir.

HOOKED ON COLFAX

„Als wir Freunden davon erzählten, dass wir ein Café an der East Colfax Avenue eröffnen wollten, warnten sie uns, in der Gegend seien Prostituierte (englisch „hookers“) unterwegs“, erzählte mir vor Kurzem Malissa, die Eigentümerin des Cafés *Hooked on Colfax*. „Sie sagten, wir würden garantiert überfallen werden. Aber wir haben beschlossen, uns den schlechten Ruf einfach zu eigen zu machen.“ Sie und ihr Mann Scott wollten einen gastfreundlichen Ort der Gemeinschaft, der offen für jedermann ist, gestalten, wo es Kaffee aus einer örtlichen Rösterei und selbst gemachte Köstlichkeiten geben sollte. Also eröffneten sie im Jahr 2005 das Café *Hooked on Colfax*, den Ort, an dem ich einen erheblichen Teil dieses Buches geschrieben habe. Es befindet sich an der „längsten, verdorbensten Straße in Amerika“, wie sie der *Playboy* einmal nannte.

Prostitution, Drogenhandel und Gewalt spielen sich seit Jahrzehnten auf den fünfundzwanzig rauen Meilen der Colfax Avenue in Denver ab.[18] In der Popkultur haben sowohl der Jimmy aus der Zeichentrickserie *South Park* als auch der Jimmy aus dem Film *Das Leben nach dem Tod in Denver* auf dieser Straße versucht, sich die Dienste einer Prostituierten zu erkaufen. Und Sal

18 Die Geschichte der Colfax in der Denver Library: *https://history.denverlibrary.org/east-colfax-neighborhood*.

Paradise aus dem Beatnik-Roman *On the Road* lebt und trinkt auf der Colfax.

Wenn es in Denver warm ist, steht das Garagentor, das zugleich die Vorderseite des Cafés ist, zur Straße hin offen, lässt die Düfte von Espresso und frisch gebackenen Muffins zu den Polizisten, Yogis und Obdachlosen hinausströmen, die auf der Colfax unterwegs sind.

Drinnen hängen Werke von Künstlern aus der Umgebung über den geöffneten Laptops der Medizinstudenten und Freiberufler. An einem Schwarzen Brett hängen Flyer für Demos, Konzerte und Tai-Chi-Kurse neben handgezeichneten Karteikarten. Zurzeit wirbt eine davon für „*Tierleitung: Finde deine(n) Tiergeist(er) durch geleitete Meditation. $20 + Fahrtkosten (normal). $30 + Fahrtkosten (Schattenarbeit). Frag mich nach meinen ermäßigten Sätzen bei Armut/Behinderung.*"

Ich habe keine Ahnung, was das alles bedeutet, aber auf eine seltsame Art tröstet es mich zu wissen, dass Menschen mit Behinderung, die in Armut leben, Zugang zu Tiergeist-Meditation als Schattenarbeit für unter dreißig Dollar haben.

Hooked on Colfax ist für das HFASS die Kirche außerhalb der Kirche. Dort halten wir Meetings und Sprechstunden ab und treffen uns zu seelsorgerlichen Gesprächen. Es ist der perfekte Ort, um über Glauben und Sex zu reden.

4.
DIE DOPPELSTRÄNGIGE HELIX

Es war ein Samstagvormittag, als Cindy aus meiner Gemeinde und ich in einer Nische im *Hooked on Colfax* saßen und sie mir ihre Geschichte erzählte.

„Als ich schließlich allein auf dem Fußboden in meiner Küche saß, umgeben von Blut, neben mir ein scharfes Messer, war mein Leben wie zu einem einzigen endlosen dieser Computer-Leiterspiele geworden", sagte sie. „Ich rackerte mich ab, kletterte und kletterte dem Ziel der Errettung entgegen, aber immer scheiterte ich unweigerlich an irgendetwas und rutsche wieder ab."

Sie sah von ihrem Kaffee auf, und ich bemerkte, dass Cindys eisblaue Augen fast genau der Farbe ihrer blauen Bluse entsprachen. Kurze graue Locken ringelten sich um ihr Gesicht.

An jenem Abend vor zweiundzwanzig Jahren in Seattle, als Cindy in der Küche auf dem Fußboden saß und sich gerade ihre Arme und Beine aufgeschnitten hatte, riss das Klingeln des Telefons sie wieder ins Bewusstsein zurück. Ihre Therapeutin, die sie noch nie zuvor zu Hause angerufen hatte, hatte den Eindruck gehabt, sie sollte sich mal erkundigen, wie es Cindy ging.

„Hier ist alles voll Blut", sagte Cindy erschöpft zu ihr. „Ich weiß nicht, was passiert ist." Kurz darauf waren die Rettungssanitäter zur Stelle.

Trotz aller ihrer Bemühungen, in der Gunst Gottes emporzuklettern, kam es Cindy so vor, als wäre sie bis nach unten gerutscht. Und als sie auf dem bluttriefenden Linoleum ihrer winzigen Wohnung landete, fühlte sie sich, als hätte sich all ihre Zerbrochenheit rund um sie ergossen.

Angefangen hatte alles viele Jahre zuvor, als sie auf einem anderen Fußboden saß. Cindy verbrachte als Teenager viele Wochenenden auf Gemeindefreizeiten, die darauf abzielten, junge Leute zur sexuellen Reinheit und zum „Überwinden ihres sündigen Körpers" anzuhalten. Und was könnte besser geeignet sein, Kids dazu zu bringen, nicht an Sex zu denken, als sie übers Wochenende in eine Hütte zu stecken mit einem Team aus Erwachsenen, die unbedingt mit ihnen *ausschließlich* über Sex reden wollten? Als sie da mit den anderen im Kreis saß und alle von den erwachsenen Leiterinnen gefragt wurden, wie oft sie an Sex dachten, wie sie es anstellen wollten, rein zu bleiben, welche Gefahren Selbstbefriedigung und Homosexualität mit sich brachten, da begann Cindy ganz unabhängig davon, wie die Wahrheit für sie aussah, sich unter Druck zu fühlen, die richtigen Antworten zu geben.

Cindy wollte Gott nahe sein, ihn kennenlernen, und zwar aufrichtig, und die Leiterinnen erklärten ihr ganz genau, wie das aussehen sollte. Doch das entsprach nicht der Wahrheit, die nämlich darin bestand, dass sich Cindys sexuelles Verlangen auf ihre Freundin Marla konzentrierte. Mit ihren dreizehn Jahren verstand Cindy vielleicht noch nicht ganz, was mit ihrem Körper vor sich ging. Aber sie wusste, dass sie Marla mochte. Sehr sogar. Aber sie liebte auch Gott.

Also „spaltete" sich Cindy; so drückt sie es heute aus. Sie grenzte die Teile von sich selbst aus, die nicht mit ihrem Wunsch, Gott nachzufolgen, zusammenpassten, und versuchte sie zu vergessen. Sie wurde ein Avatar ihrer selbst, der so aussah, wie Gott sie vermeintlich haben wollte. Erst später, nachdem sie zehn Jahre lang ein totales Doppelleben geführt hatte, holten die Folgen ihres gespalteten Lebenswandels sie ein.

In der Pfingstgemeinde, in der Cindy aufgewachsen war, wurde gelehrt, dass es nur einen Weg gab, Gott nahe zu sein: nämlich alles daranzusetzen, Gott zu suchen. Diese Suche wurde unter anderem dadurch vollzogen, dass man sich „im Geist erschlagen" ließ, sich Austreibungen unterzog und in Zungen redete.

Cindy *wollte* das alles erleben. Sie wollte die Gabe der Zungenrede haben, so wie Quäkerkinder die Schlichtheit wollen und Hippiekinder, dass sie sanftmütig sein wollen.

Aber die Dämonenaustreibungen erschreckten Cindy zutiefst. Bei Leuten, die „mit Homosexualität kämpften" oder sonst wie nicht dem Kreis des Akzeptablen entsprachen, der in der Gemeinde galt, ging man davon aus, Dämonen hätten ihre Körper übernommen. Wer chronisch krank war oder gedanklich nur ein kleines bisschen damit kämpfte, mit seiner Sekretärin zu schlafen oder die Musik von Led Zeppelin gern mochte (die damals als dämonisch bewertet wurde), den setzte die Gemeinde einem gewaltsamen religiösen Ritual aus. Mitten im Gottesdienst, vor versammelter Gemeinde, wurde man von einer Gruppe von Männern umringt, die den Dämon aufforderten herauszukommen.

„*Komm heraus, Dämon! Gibt diesen Jungen frei!*", riefen die Männer. „*Im Namen Jesu gebiete ich dir, diesen Körper zu verlassen! Du hast keine Macht hier!*"

Manchmal klang das Brüllen der Männer nach unerschütterlicher Überzeugung, manchmal wie ein verzweifeltes Flehen. Cindy wusste nie, ob die Männer so laut riefen, weil sie Angst hatten, es würde nicht funktionieren, oder ob die Dämonen vielleicht schwerhörig waren. Manchmal forderte der Pastor sogar den Dämon auf, seinen Namen zu nennen. Und dann antwortete die Person vielleicht in einer komischen, mechanischen Stimme etwas wie: „*Ich bin der Dämon der Selbstbefriedigung!*" (Es ist wenig überraschend, dass viele Austreibungen in Cindys Gemeinde mit Sex zu tun hatten.)

Hinter ihren langen Locken geschützt beobachtete Cindy, wie der Junge mit dem Led-Zeppelin-Dämon oder der Mann mit dem Dämon der Selbstbefriedigung brüllte und grunzte und gutturale Laute von sich gab. Manche der Leute wälzten sich sogar strampelnd auf dem Boden – schwitzten, krümmten sich, erbrachen sich manchmal –, um anschließend in einem Zustand der Ergebung und des Friedens freigelassen zu werden.

Das alles beobachtete Cindy mit einer Mischung widersprüchlicher Gefühle und verwirrender Fragen: Warum mussten sie das machen? Die Leute hatten vorher einen völlig normalen Eindruck auf sie gemacht. Konnte so ein Dämon vielleicht auch einfach in *sie* hineinfahren, ohne dass sie es merkte? Hatte sie vielleicht schon einen in sich? War das die Ursache ihrer Gefühle für Marla?

Ein Teil von ihr wäre am liebsten nach vorn gegangen, um Ruhe und Freiheit zu finden von dem Kampf, den sie in ihrem Körper spürte. Aber die Angst davor, sich zu einem religiösen Spektakel zu machen, war stärker. Also tat sie, immer wenn sie spürte, dass der Prediger in ihre Richtung schaute, als ob sie in ihrer Bibel lesen würde, die offen auf ihrem Schoß lag. Ein Dämon würde ja wohl nicht in der Bibel lesen, oder?

„Sie sagten uns, wir sollten achtgeben auf unseren Körper und wachsam sein", sagte Cindy zu mir, während Bob Dylan aus den Lautsprechern ertönte. Doch je weiter die Highschool-Zeit voranschritt, desto schwerer fiel es Cindy, wachsam zu sein.

Wir saßen schon seit einer Stunde im *Hooked.* Der Andrang vom Vormittag, wenn man die Musik durch das laute Stimmengewirr kaum hören kann, war jetzt vorbei. Insofern hörten wir nun, wie Dylans folkiges Genäsel – *How many years can some people exist/before they're allowed to be free?* – unser Gespräch unterlegte.

In ihrem zweiten Jahr auf der Highschool übernahm Marla manchmal die Gesprächsleitung bei den Wochenendfreizeiten. Ihr schien alles so leichtzufallen, dachte Cindy. Ihre zierliche Freundin mit den glänzenden Haaren redete in Zungen, sprach unbefangen über die Gefahren von Selbstbefriedigung und verteilte Taschentücher an die Kids, von denen immer einigen die Tränen kamen. Marla schien glücklich zu sein, so nah bei Gott, so fest in ihrem Glauben. Cindy wäre ihr bis ans Ende der Welt gefolgt. Abends nach dem gemeinsamen Gebet, nachdem die Mädels ihre Tränen abgetrocknet hatten und diejenigen, die sich erbrochen hatten, versorgt waren und sich wieder erfrischt hatten, zogen sich die beiden erwachsenen Leiter zurück (später erfuhr Cindy, dass sie eine Affäre miteinander hatten), und Marla lud Cindy ein, mit ihr draußen spazieren zu gehen. „Unter den Sternen, in Gottes Schöpfung, wird es dir leichter fallen, deine Gebetssprache zu finden", sagte sie eines Abends zu Cindy. Cindy nickte und ließ sich umarmen.

Wieder zu Hause verbrachten Marla und Cindy gemeinsame Stunden in Marlas „Gebetskammer", wo sie auf einem gelb geblümten Kissen, das kaum groß genug für zwei Mädchen war, zusammengedrängt hockten. An einer Seite der Kammer stand ein kleiner Altar, den Marla mit einer winzigen Taschenlampe beleuchtet hatte.

„Da saßen wir", erzählte Cindy, „zwei vierzehnjährige Mädchen, und beteten darum, dass ich in Zungen reden könnte. Mein Arm war mit Marlas verschlungen, und so flehten wir den Allmächtigen an, mir zu helfen, eine weitere Sprosse auf der Heiligkeitsleiter zu erklimmen."

Was die Zungenrede anging, so brachten die Emotionalität und Intimität der Zeit in der Gebetskammer Cindy nicht weiter, aber sie brachte Cindy Marla näher. Also fing Cindy an, *so zu tun*, als könnte sie in Zungen reden. Sie hatte den Tonfall und den Klang schon oft genug gehört, um es überzeugend nachahmen zu können. Allerdings dachte sie dabei so viel an die körperliche Nähe zu Marla, dass sie aufgrund ihrer ernsthaften Art überzeugt war, dass jegliche Fortschritte beim Ersteigen der Leiter verloren waren. Und schon ging es wieder abwärts.

Es war zu der Zeit, als sie gerade aufs College ging, dass der Pastor ihrer Gemeinde eine Affäre mit der Chorleiterin offenbarte. Er stand vor seiner Gemeinde, genau da, wo er sonst immer über sexuelle Reinheit gepredigt hatte, und musste sich selbst den Dämon der sexuellen Unreinheit austreiben lassen. „Wenn der Teufel so mächtig ist, dass er sogar euren Pastor in Versuchung führen kann", sagte er vor dem Ritual, „dann ist er wahrhaftig mächtig."

Cindy ging auf ein evangelikales College im pazifischen Nordwesten des Landes, wo sie hinsichtlich ihrer pfingstkirchlichen Herkunft flunkerte, weil ihr das Umfallen, die Dämonenaustreiberei und das Zungenreden nun peinlich waren. Während ihrer Zeit auf dem College begann sie eine Affäre mit der Frau des Pastors. Ihre Beziehung dauerte zwei Jahre, in denen sie gleichzeitig mit dem Leadsänger der Lobpreisband des Colleges verlobt war.

Selbst nach dem College hielt Cindy die ganze Fassade aufrecht. Sie heiratete ihren Lobpreisleiterfreund und begann an einer Highschool zu unterrichten. Abends traf sie sich entweder heimlich mit ihrer Liebhaberin oder besuchte Gemeindeveranstaltungen. Sie versuchte, sowohl ihren Körper zu überwinden als auch auf ihn zu hören, doch der Konflikt zwischen beidem machte sie fertig. Als ihre Ehe vorhersehbarerweise schon nach zehn Monaten endete, zerfaserte sie noch mehr. Das, was wirklich in ihr steckte, und die erfundenen Geschichten verschwammen zu einem wirren Bild – bis zu jenem Abend, als Cindy blutend auf dem Küchenfußboden lag und durch einen Anruf ihrer Therapeutin gerettet wurde.

„Es war kein Suizidversuch", sagte mir Cindy im Café. „Es war nicht einmal ein ‚Schrei um Hilfe', wie das immer genannt wird. Ich schnitt mir an diesem Abend die Arme und Beine auf, ohne überhaupt zu merken, was da passierte. Ich glaube, ich wollte einfach unbedingt etwas Wahrhaftiges spüren, etwas, das ich *nicht* vortäuschte."

Cindy verbrachte zwei Wochen in der Psychiatrie, wo sie endlich damit aufhörte, so zu leben, als ob. Sie erzählte den Ärztinnen und anderen Patienten ihre Lebensgeschichte, von ihrem gespaltenen Leben und ihrem geistlichen Leiterspiel. Als sie das tat, nahm sie Gefühle in ihrem Körper wahr, die sie schon gar nicht mehr gekannt hatte. Schlichte menschliche Empfindungen wie Hunger und das Bedürfnis nach Schlaf. Es war der Beginn ihrer Wiederherstellung. Wie eine doppelsträngige Helix fügte sie sich Molekül für Molekül wieder zusammen.

Im Altgriechischen kommt das Wort *Dämon* von „zerteilen".[19] Was den Gedanken mit sich bringt, dass etwas zu zerreißen, aus seiner Ganzheit zu lösen, als dämonisch verstanden werden kann.

Im Markusevangelium treibt Jesus einen Dämon aus einem jungen Mann aus, der „Tag und Nacht, in den Grabhöhlen und auf den Bergen, schrie und ... sich mit Steinen" schlug. Doch zuerst forderte Jesus den Dämon auf, seinen Namen zu nennen (Markus 5,5–9).

19 Aus dem Digitalen Wörterbuch der deutschen Sprache (http://www.dwds.de): „‚böser Geist, verhängnisvolle übernatürliche Macht'. Griech. *dā́imōn* (δα ίμων), lat. *daemōn* ‚Gott, schützendes oder Verderben sendendes göttliches Wesen', wahrscheinlich im Sinne von ‚Zuteiler' zu griech. *dáīesthai* (δα ίεσθα ι) ‚teilen, verteilen' und damit zur Wurzel ie. **dā(i)-*, **dī-* ‚teilen, zerschneiden, zerreißen' gehörend.

Bei dieser Geschichte denke ich unweigerlich an Cindy, wie sie in dieser beschissenen Wohnung auf dem Boden sitzt und sich heulend die Arme und Beine aufschneidet, nur um endlich wieder etwas zu spüren. Wenn das dem entspricht, von einem Dämon besessen zu sein, welchen Namen sollten wir ihm dann geben? Wie wäre es mit „Scham"? Scham schlich sich in ihren Körper ein und führte dazu, dass sich Cindy von sich selbst abschnitt. Sie trennte ihr hingebungsvolles Streben nach Gott von ihrem Körper, von ihrem Verstand, von ihrer Sexualität, von ihrem Herzen.

Ich stelle mir gern vor, dass Jesus, als er die Jünger aussandte, um in seinem Namen Dämonen auszutreiben, dabei im Sinn hatte, dass sie den Menschen, die zerrissen waren, mit solcher Liebe begegnen würden, dass die vernachlässigten Teile sich wieder ins Zentrum ihres Wesens einfügten. Seine Absicht war, dass die Teile, die irgendjemand oder irgendeine Institution für nicht liebenswert erachtete – die Teile, die von Leuten, die sie eigentlich hätten lieben und schützen sollen, missbraucht worden waren –, sich unter einem so liebevollen Blick wieder zusammensetzen konnten.

Cindy fand Heilung, aber anfangs geschah das außerhalb des christlichen Glaubens – in einer Schwitzhütte der Lakota-Indianer in Wyoming. Gemeinsam mit einem Dutzend Frauen hockte sie dort in völliger Dunkelheit und extremer Hitze und betete zu Gott ohne Dogmen, ohne Verurteilung, ohne die Ablenkung, irgendetwas Bestimmtes sein oder sagen oder glauben zu müssen. Es gab nichts, was sie hätte vortäuschen können.

Wieder einmal saß sie mit anderen im Kreis wie damals bei den Jugendfreizeiten. Aber dieses Mal schwitzte sie die Scham aus, die ihr nichts mehr brachte. Hier gab es keine Leiter der Tugend oder des Lasters. Es gab nur die Hitze von den Steinen auf ihrer Haut, den Salbeigeruch in ihrer Nase, den Klang der Gebetslitanei in ihren Ohren und die Dunkelheit der Hütte vor ihren Augen.

Dort in der Schwitzhütte, so erzählte sie mir, dockte ihre Doppelhelix wieder an und strickte ihren körperlichen, geistlichen, sexuellen wie auch ihren seelischen Teil wieder zusammen. Es gab keinen sündigen Leib mehr zu überwinden. Da war nur sie, sie als Ganzes, das sich zusammenfügte, vereint in Heiligkeit – Zelle für Zelle, Gebet für Gebet, Schweißtropfen für Schweißtropfen.

An einem Wochenende traf Cindy früher als sonst ein, weil sie etwas im Feuer verbrennen wollte. Mit zwei guten Freundinnen stand sie vor der Hütte, und sie richteten gemeinsam ihre Blicke auf die Flammen vor ihnen, wo unter dem brennenden Holz die Steine für die Hütte glühten. In ein paar Minuten würden diese Steine in die Hütte gebracht werden, man würde ein bisschen Mariengras und Zedernholz darauf werfen, und der reinigende Rauch würde sich in der Luft ausbreiten, bevor die Eingänge geschlossen wurden. Nun aber ruhten die Steine noch unter dem Holz der Feuerstelle und warteten auf etwas, das verbrannt werden musste.

Cindy griff in ihre Tasche und holte ihre Bibel heraus, dieselbe Bibel, die auf ihrem Schoß gelegen hatte, als sie als junges Mädchen in jener Blockhütte saß, dieselbe, in der sie zu lesen vorgegeben hatte, um einer Austreibung zu entgehen, dieselbe, an deren Ränder sie verzweifelte Notizen geschrieben hatte, als wäre sie ein Buch mit Zaubersprüchen, mit denen sie sich selbst verwandeln könnte.

Langsam, ohne ein Wort zu sagen, riss sie acht ganz bestimmte Seiten aus ihrer Bibel heraus – diejenigen nämlich, auf denen Homosexualität erwähnt wurde – und verbrannte eine nach der anderen. Als sie dort stand und das Inferno beobachtete, kam es ihr vor, als ob die Leute aus der Gemeinde ihrer Kindheit, die Jugendmitarbeiter und Pastoren und anderen Erwachsenen, aus dem Grab ihrer Seele auferstanden und sich rund um das Feuer aufstellten, um über sie Gericht zu halten. Sie sah sie, aber sie kümmerte sich nicht darum. Sie gab sich selbst die Erlaubnis, frei zu sein.

Aber sie war noch nicht fertig.

Als Nächstes riss Cindy die Evangelien heraus: Matthäus, Markus, Lukas, Johannes. Die Geschichte von Jesus hatte sie nie verletzt; Jesus hatte nie von ihr verlangt, sich zu spalten. Also presste sie mit der rechten Hand die Seiten der Evangelien auf ihr Herz, während sie mit der linken den Rest der Bibel in die Flammen warf.

Es gibt Leute, die sagen werden, es sei „gefährlich“ zu glauben, wir könnten selbst entscheiden, was in der Bibel heilig ist und was nicht. Ich lehne diesen Gedanken ab, und zwar aus dem folgenden Grund. Die Evangelien sind ein Kanon innerhalb des Kanons. Die Bibel, so sagte es Martin Luther, ist die Krippe, in der Jesus liegt. Das Gravitationszentrum aber ist die Geschichte von Jesus, das Evangelium. Und je dichter ein biblischer Text an dieser Geschichte oder am Herzen ihrer Botschaft dran ist, desto mehr Autorität hat er. Je weiter er aber davon entfernt ist, desto geringer ist seine Autorität.

Die Geschichte handelt davon, dass der Gott, der einst durch Propheten und Dichter gesprochen hatte, derselbe Gott ist, der später in menschlicher Gestalt erschien und herumlief, als ob er die Spielregeln nicht verstanden hätte. Jesus sagte, Gottes Welt sei wie ein Vater, der die Straße entlang seinem nichtsnutzigen Kind entgegenrennt, als ob ihm die Nichtsnutzigkeit dieses Kindes völlig egal wäre.

Die Geschichten, die Jesus erzählte, hörten sich unsinnig an, aber gleichzeitig hörten sie sich auch an wie die absolute Wahrheit. Immer wieder sagte er, dass die Dinge, die wir für die wichtigsten halten, selten wirklich so wichtig sind: nachtragend zu sein zum Beispiel, andere zu verurteilen, Reichtum anzuhäufen und immer der Erste sein zu wollen. Eines Abends dann aber benahm sich dieser Jesus beim Abendessen auf einmal sehr merkwürdig und sagte, ein Laib Brot sei sein Leib und ein Becher Wein sei sein Blut, und das alles geschehe um der Vergebung willen. Das alles bedeutet, dass unsere Nichtsnutzigkeit völlig egal ist. Dann ging er hin und ließ sich umbringen, was völlig vermeidbar gewesen wäre. Doch drei Tage später machte er seine Freunde fassungslos, indem er wieder auftauchte und sagte: „Habt ihr was zu essen? Ich bin am Verhungern." Dann machte er ein Feuer, briet ein paar Fische und lud seine Freunde ein, mit ihm zu essen. Das ist derselbe Jesus, der neben Cindy stand, als sie sich vor einem Schwitzhüttenfeuer befreite und sich seine Geschichte gegen die Brust drückte.

Am ersten Samstag im Dezember, sechs Monate, nachdem ich Cindys Geschichte gehört hatte, stieg ich in einer renovierten Scheune außerhalb von Denver eine Holztreppe empor. Das *Great Advent Gospel Read-Aloud* ist eine alljährliche Tradition beim *House for All Sinners and Saints.* An diesem Tag versammeln wir uns in einem großen Kreis aus Sofas und Sesseln, dazwischen Tische mit leckeren Snacks, Strickzeug oder andere Handarbeiten, und lesen uns gegenseitig, immer abwechselnd, Kapitel für Kapitel die Evangelien vor.

Cindy saß im Kreis an einem Tisch und malte an einem Aquarell.

Travis, unser koreanisch-amerikanischer Elektriker und Judolehrer vom Dienst, las gerade aus Markus 5 von dem Mann, dem Jesus eine ganze Legion von Dämonen austrieb; Dämonen, die den Mann an Leib und Seele gequält hatten.

„Und die Leute gingen, um zu sehen, was da geschehen war", las Travis, „und kamen zu Jesus und sahen den Besessenen, der den Geist ‚Legion' gehabt hatte, wie er dasaß, bekleidet und vernünftig."

Ich schaute zu Cindy hinüber. Auch sie saß da zu Füßen Jesu, der sie niemals verletzt hatte, bekleidet und vernünftig. Sie fing meinen Blick auf, lächelte und hob den Text hoch, den sie mitlas.

„Das kann nicht wahr sein!", formte ich mit den Lippen, meine Augen weit aufgerissen.

Was Cindy da in den Händen hielt, waren die Evangelien aus der Bibel ihrer Kindheit – Matthäus, Markus, Lukas und Johannes –, die sie sich an jenem Abend vor zwanzig Jahren bei der Hütte ans Herz gepresst hatte. Sie hatte sich aus einer geflochtenen Schnur aus Mariengras eine Art Buchbindung für die Seiten gemacht und sie all die Jahre über aufbewahrt.

Damals vor der Hütte war Vollmond gewesen und Cindy hatte ein Bild davon auf die erste Seite von Matthäus, der Anfangsgeschichte mit dem Stammbaum und der Kindheit Jesu, gemalt. Sanftgraue Schichten bedecken diese Seite – ein Abbild des Nachthimmels – und oben drüber stehen die Worte „Nie wieder". Dann, weiter unten zwischen den Textspalten, umgibt ein Bild des Vollmondes, eine kleine Lichtkugel mitten in der Finsternis, ein einziges Wort: „Jesus."

Matthew

The Genealogy of Jesus

1 A record of the genealogy of Jesus Christ the son of David, the son of Abraham:

2Abraham was the father of Isaac,
Isaac the father of Jacob,
Jacob the father of Judah and his brothers,
3Judah the father of Perez and Zerah, whose mother was Tamar,
Perez the father of Hezron,
Hezron the father of Ram,
4Ram the father of Amminadab,
Amminadab the father of Nahshon,
Nahshon the father of Salmon,
5Salmon the father of Boaz, whose mother was Rahab,
Boaz the father of Obed, whose mother was Ruth,
Obed the father of Jesse,
6and Jesse the father of King David.

David was the father of Solomon, whose mother had been Uriah's wife,
7Solomon the father of Rehoboam,
Rehoboam the father of Abijah,
Abijah the father of Asa,
8Asa the father of Jehoshaphat,
Jehoshaphat the father of Jehoram,
Jehoram the father of Uzziah,
9Uzziah the father of Jotham,
Jotham the father of Ahaz,
Ahaz the father of Hezekiah,
10Hezekiah the father of Manasseh,
Manasseh the father of Amon,
Amon the father of Josiah,
11and Josiah the father of Jeconiah[a] and his brothers at the time of the exile to Babylon.

12After the exile to Babylon:
Jeconiah was the father of Shealtiel,
Shealtiel the father of Zerubbabel,
13Zerubbabel the father of Abiud,
Abiud the father of Eliakim,
Eliakim the father of Azor,
14Azor the father of Zadok,
Zadok the father of Akim,
Akim the father of Eliud,
15Eliud the father of Eleazar,
Eleazar the father of Matthan,
Matthan the father of Jacob,
16and Jacob the father of Joseph, the husband of Mary, of whom was born Jesus, who is called Christ.

17Thus there were fourteen generations in all from Abraham to David, fourteen from David to the exile to Babylon, and fourteen from the exile to the Christ.[b]

The Birth of Jesus Christ

18This is how the birth of Jesus Christ came about: His mother Mary was pledged to be married to Joseph, but before they came together, she was found to be with child through the Holy Spirit. 19Because Joseph her husband was a righteous man and did not want to expose her to public disgrace, he had in mind to divorce her quietly.

20But after he had considered this, an angel of the Lord appeared to him in a dream and said, "Joseph son of David, do not be afraid to take Mary home as your wife, because what is conceived in her is from the Holy Spirit. 21She will give birth to a son, and you are to give him the name Jesus,[c] because he will save his people from their sins."

22All this took place to fulfill what the Lord had said through the prophet: 23"The virgin will be with child and will give birth to a son, and they will call him Immanuel"[d]—which means, "God with us."

24When Joseph woke up, he did what the angel of the Lord had commanded him and took Mary home as his wife. 25But he had no union with her until she gave birth to a son. And he gave him the name Jesus.

The Visit of the Magi

2 After Jesus was born in Bethlehem in Judea, during the time of King Herod, Magi[e] from the east came to Jerusalem 2and asked, "Where is the one who has been born

[a] *11* That is, Jehoiachin; also in verse 12 [b] *17* Or *Messiah.* "The Christ" (Greek) and "the Messiah" (Hebrew) both mean "the Anointed One." [c] *21 Jesus* is the Greek form of *Joshua,* which means *the LORD saves.* [d] *23* Isaiah 7:14 [e] *1* Traditionally *Wise Men*

Abdruck mit freundlicher Genehmigung von Cindy.

Die Schöpfung, Teil II

SIE GEHÖRTEN EINANDER

An dem Tag, als Gott Himmel und Erde schuf, gab es noch keine Pflanzen, weil es noch kein Wasser gab, weil eben einfach noch keiner da war, der sich hätte um den Garten kümmern können. Gott hatte es nicht eilig. Schließlich muss alles in der richtigen Reihenfolge vor sich gehen, wenn etwas klappen soll.

Dann formte Gott einen Erdling (Adam ist ein geschlechtsloses Wort für „aus der Erde") aus Staub, und Gott blies ihm seinen Atem in die Nase, um uns Leben einzuhauchen, und so empfingen wir eine Seele und das Geschenk des Lebens.

Wir sind Staub und Atem Gottes.

Dann zog Gott eine Latzhose an, nahm eine Mistgabel und pflanzte einen wunderschönen Garten in Eden, und Gott setzte den Erdling in den Garten, den er für uns gemacht hatte. Gott machte auch sehr hübsche Bäume, die nicht nur schön anzusehen waren, sondern auch köstliche Früchte trugen, die wir essen konnten. Und es gab zwei ganz besondere Bäume im Garten, den Baum des Lebens (der Erkenntnis Gottes) und den Baum der Erkenntnis von Gut und Böse.

Gott ist eher ein Initiator als ein Erhalter. Eher ein Unternehmer als ein Manager. Also überließ er es dem Erdling, sich um den Garten zu kümmern, denn Gott hat andere Dinge zu tun. Und Gott sprach: „Ich habe dir hier ein paar Wahnsinnsobstbäume hingestellt, viel Spaß damit! So lässt es sich leben. Aber von dem einen Baum, da lass die Finger. Was gut und böse ist und so, das überlass lieber mir. Ich will nicht, dass du dir damit den ganzen Spaß hier verdirbst. Ich möchte, dass du einfach lebst. Ich werde der Schöpfer sein und du wirst das Geschöpf sein.

Anschließend dachte Gott darüber nach, wie es sich anfühlt, allein zu sein, und er merkte, dass es irgendwie blöd für den Erdling wäre, wenn er den ganzen Tag lebt, Obst isst und im Garten arbeitet und sonst ist keiner da. Also schuf Gott aus dem Staub alle Tiere des Feldes und Vögel der Luft, und dann amüsierte sich Gott damit, dass er sich anschaute, wie der Erdling all diese Vögel und Tiere nennen würde. Die waren ja putzig, aber keines davon war ein Partner. Ich meine, Hühner sind was Wunderbares, aber ein Feld pflügen, das kriegen sie ums Verrecken nicht hin.

Da dachte Gott: „Vielleicht bringt das nichts, noch mehr Geschöpfe aus Staub zu machen. Ich sollte mal eines aus Fleisch machen." Und Gott schlich sich von hinten mit einem mit Chloroform getränkten Taschentuch an den Erdling heran und legte ihn „schlafen". Da entnahm Gott dem Erdling aus irgendeinem Grund eine Rippe, nähte ihn wieder zu und machte aus der Rippe eine Frau. Und dann schenkte Gott die beiden Erdlinge einander, weil sie zueinander gehörten. Sie waren für- und voneinander gemacht. Und sie passten zusammen. Und deshalb haben bis zum heutigen Tag viele von uns das Bedürfnis, mit einem Gegenüber emotional, sexuell und geistlich zusammenzupassen.

Und die beiden Erdlinge, der Mann und die Frau, waren nackt. Sie schämten sich dafür nicht. Scham gab es schließlich noch nicht. Sie kommt aber schon bald.

5.
HEILIGER WIDERSTAND

Wir bekräftigen, *dass das Selbst-Konzept als Mann oder Frau entsprechend Gottes heiligen Intentionen in Schöpfung und Erlösung – wie sie in der Schrift offenbart sind – definiert werden soll.*
Wir lehnen ab, *dass es mit Gottes heiligen Intentionen in Schöpfung und Erlösung vereinbar sein soll, sich ein homosexuelles oder transgender-basiertes Selbst-Konzept zu eigen zu machen.*

Die Nashville-Erklärung, Artikel VII

Im Folgenden führe ich mal auf, was ich alles in der Woche getan habe, in der die Stadt Houston durch den Hurrikan Harvey geflutet wurde, in der der 45. Präsident der Vereinigen Staaten verlautbarte, er werde ein Bundesprogramm beenden, das bislang dem Schutz von Einwandererkindern ohne Papiere diente, und in der ein Gremium der Southern Baptists die „Nashville-Erklärung“ veröffentlichte; ein Dokument, in dem alle Gründe aufgeführt sind, warum es außerhalb von „Gottes Plan für die Menschheit“ ist, schwul oder transgender zu sein:

Sonntag: Mein Sohn Judah und ich verabschiedeten meine einzige Tochter, seine Schwester, die zu einem kleineren Frauencollege in Oakland aufbrach. Ich war darüber traurig wie zugleich aufgeregt. In erste Linie aber traurig. Sie war schließlich meine Seelenverwandte. Meine Freundin.

Ich weiß, ich weiß, man soll eigentlich nicht mit den eigenen Kindern „befreundet“ sein. Man soll ihnen Mutter oder Vater sein. Jemand, der ihnen mit strenger Liebe begegnet. Die maßgebliche Autorität, die sagt, wo es langgeht. Aber nachdem wir jahrelang aneinandergeraten sind und miteinander gerungen haben, wer den stärkeren Willen hat, waren diese Zeiten, in denen Harper das für ihre Entwicklung nötig hatte, nun vorbei. Wir waren langsam dazu übergegangen, zwei Frauen zu sein, die einander mochten und gern Zeit miteinander verbrachten. Und trotzdem, sie war immer noch mein Baby, das Kind, das mich zur Mama gemacht hatte, das in meinem Schoß herangewachsen war, das ich in dem alten Schaukelstuhl meiner Mutter an meiner Brust gestillt habe und das sich vor meinen Augen zu einer Persönlichkeit entwickelt hat. Mein Baby. Mein Herz.

Und nun stand ich einfach nur da, neben ihrem Bruder in der Einfahrt meines Ex-Mannes, und winkte, während er und unser Kind gemeinsam nach Kalifornien aufbrachen.

An diesem Tag habe ich eine Million Gebete gesprochen. „Beschütze sie, Gott. Stell ihr gute Freundinnen und Freunde an die Seite, die sehen, was für ein toller Mensch sie ist. Hilf ihr, daran zu denken, vor den Partys ihre Arbeiten für die Uni zu erledigen.“ Das sollte reichen. Ich umarmte Judah, wohl ein bisschen zu fest, und dann machten wir uns gemeinsam ans Frühstück.

Dienstag: Nach dem Besuch im Fitnessstudio versuchte ich, etwas über Geschlechternormen zu schreiben, blieb aber dann an einem verrückten Zitat von William W. Orr hängen – einem Pastor, der in den 1950er-Jahren ein christliches Aufklärungsbuch veröffentlicht hatte –, und zwar weil es sich einfach unfassbar schwul anhörte:

> „Adam war maskulin, stark, tüchtig. Er muss ein prachtvoller Anblick gewesen sein, wie er dort stand, sauber, rein, frisch aus der Hand Gottes gemacht. Vielleicht einen Meter achtzig groß, muskulöser Körper, gerade Schultern, gewölbte Brust, markantes Kinn, vielleicht mit einem Grübchen darin. Ein Mannsbild, wie es im Buche steht. Eva muss ihn so sehr geliebt haben, dass es wehtat.
>
> Und Eva. Was für eine berauschende Erscheinung muss sie gewesen sein. Ihre Haut weich und schön, ihr Haar lang

und seidig. Sicher war ihre Gestalt von berückender Weiblichkeit. Sie muss feingliedrige Hände und zierliche Füße gehabt haben. Ihre Augen waren blau wie der Himmel und ihre Lippen übertrafen das Rot jeder Rose. Sicher kam die Bewunderung ihres Mannes einer Anbetung gleich.

So fängt Gottes Plan für Sex an – mit männlichen Männern und weiblichen Frauen."[20]

Da ich mich nun schon einmal hatte ablenken lassen, postete ich dieses Zitat gleich in der Facebook-Gruppe meiner Gemeinde nebst einer spitzen Bemerkung darüber, wie weiß sich dieser Adam und diese Eva anhörten mit ihren blauen Augen und seidigen Haaren und alledem. Fast im selben Augenblick merkte eines meiner Gemeindeglieder mit einem Post an: „Das hört sich nicht viel anders an als die Nashville-Erklärung."

„Total!", erwiderte eine andere Person.

Ich wusste nicht, wovon die Rede war. Also bat ich sie schnell um einen Link, obwohl ich eigentlich gleich losmusste, um mich auf einen Kaffee mit Kevin aus meiner Gemeinde zu treffen, und eigentlich gar keine Zeit hatte, mich in ein Internetdrama hineinziehen zu lassen. Doch ich konnte es nicht lassen.

Die „Nashville-Erklärung", verfasst von einer Gruppe, deren Namen ich mir unmöglich ausdenken könnte – dem *Center for Biblical Manhood and Womanhood* (Zentrum für biblische Männlich-

---

20 William W. Orr, *Plain Talk About Love and Sex* (Wheaton, Illinois: Scripture Press, 1950).

und Weiblichkeit) –, und unterzeichnet von namhaften Pastoren etlicher einflussreicher Gemeinden, ist ein Dokument, das auf die konservativen christlichen Ansichten zu Sexualität und Geschlechterrollen noch eins drauflegt. In der Präambel der Erklärung heißt es:

„Wir gehören nicht uns selbst. Unsere wahre Identität als männliche und weibliche Wesen ist von Gott gegeben. Es ist nicht nur töricht, sondern hoffnungslos zu versuchen, aus uns selbst etwas zu machen, zu dem Gott uns nicht gemacht hat."

Ich saß in meiner Wohnung und las die vierzehn Artikel der Nashville-Erklärung durch. Jeder davon traf mich wie ein Schlag in die Magengrube, einer nach dem anderen. Gerade erst hatte ich monatelang Dutzende meiner Gemeindeglieder für dieses Buch hier interviewt und jedem von ihnen drei Fragen gestellt:

1. Welche Botschaften wurden dir, während du herangewachsen bist, seitens der Kirche über Sex und den Körper vermittelt?
2. Welche Wirkung hatten diese auf dich?
3. Und wie orientierst du dich jetzt als Erwachsener?

Ein Gemeindeglied nach dem anderen berichtete mir von furchtbaren Dingen. Dinge, die ihnen allen in einem christlichen Kontext passiert sind. Da war eine Frau dabei, die zwanzig Jahre lang angenommen hatte, Gott hätte ihr keinen Ehemann geschenkt, weil sie mit sechzehn eine Abtreibung hatte vornehmen lassen. Und ein schwuler Mann erzählte mir davon, wie ihm eine „Reparativtherapie“ aufgezwungen worden war, die ihn zu einem Ex-Schwulen machen sollte, in der er aber von einem männlichen Therapeuten zum Sex genötigt wurde. Und zu mir kamen Transgender-Leute, die sich selbst ritzten, weil sie einfach nicht wussten, dass sie besser den hirnrissigen Blödsinn, sie existierten außerhalb der von Gott bestimmten Geschlechterrollen, hätten wegschneiden sollen, den die Kirche ihnen eingetrichtert hatte.

Ich wünsche mir so sehr, ich könnte mich mit den Schreibern, die diese Nashville-Erklärung verfasst haben, hinsetzen und ihnen die Geschichten erzählen, die ich von diesen gläubigen Menschen, die Gott liebt, gehört habe. Ich wünsche mir, ich könnte ihnen zeigen, welchen Schaden ihre Loyalität gegenüber einer Lehre oder einer bestimmten Auslegung einiger Bibelverse den Menschen unter meiner Obhut an Leib und Seele zugefügt hat. Es mag ja tröstlich sein, daran zu glauben, dass Gott einen genauen Plan für Geschlechterrollen und sexuelle Beziehungen hat, der uns allen, wenn wir ihn richtig befolgen, ein glückliches, erfülltes Leben ermöglicht, und dass es gefährlich ist, von diesem Plan abzuweichen. Für mich ist es nachvollziehbar, dass diese *Vorstellung* ihren Reiz hat. Aber ich möchte die Verfasser der Nashville-Erklärung daran erinnern, dass Jesus, als die Leute ihn fragten, wie sie gerecht werden und nach Gottes Plan und so leben könnten, wie es Gott gefällt, nicht etwa sagte: „Ihr sollt keine Transen sein“ oder: „Ihr sollt keinen Sex außerhalb der Ehe haben“. Er sagte nur: *„Du sollst Gott lieben, und du sollst deinen Nächsten lieben wie dich selbst“* (Markus 12,30–31).

Im Grunde hört sich Nächstenliebe nett an, eigentlich sogar ganz einfach. Genau genommen bedeutet sie aber, dass ich sie nicht nur der netten Dame von nebenan erweisen sollte, sondern auch dem Center for Biblical Manhood and Womanhood – meinen allerfernsten Nächsten –, denen, die ich am liebsten überhaupt nicht lieben würde.

Mir ist bewusst, dass es heutzutage – in dieser Zeit, in der Frauen sich zu Wort melden und ihre Würde einfordern, in der LGBT-Leute sich zu Wort melden und auch ihre einfordern und in der sich unsere Gesellschaft zunehmend offen zeigt für Diversity, die bunte Vielfalt unter uns Menschen – nicht leicht ist, sich alledem zu widersetzen. Das räumen auch die Verfasser der Nashville-Erklärung in ihrer Präambel ein:

„Evangelikale Christen am Anfang des 21. Jahrhunderts leben in einer Epoche des Wandels. Die westliche Kultur ist zunehmend nachchristlich, und infolgedessen hat ein starkes Umdenken in der Frage begonnen, was es bedeutet, ein Mensch zu sein.“

Sie sind dabei, diesen Kulturkampf zu verlieren, und das fühlt sich bestimmt nicht gut an. Mehr als diese kleine Prise Mitgefühl kann ich allerdings nicht aufbringen.

Ich sah auf die Uhr, klappte meinen Laptop zu und schickte Kevin eine SMS, dass ich mich um ungefähr sieben Minuten verspätete.

Kevin arbeitet in der Investmentbranche, aber er sieht mehr aus wie ein Bursche vom Lande – mit seinem gestutzten blonden Bart und seinem Carhart-Shirt. Er ist fünfundzwanzig, „maskulin, stark, tüchtig, ein Mannsbild, wie es im Buche steht", so hätte William Orr ihn vermutlich beschrieben. Nur ist er transsexuell. „Aber bei mir fällt das einfach nicht auf", sagte er mal. „Also, wenn ich es nicht sage, merkt es keiner."

Kevin erzählte mir davon, wie er im Mittleren Westen in einer liebevollen Familie aufwuchs, die sich keinen Kopf um Religion machte. Mir kam unwillkürlich der Gedanke: Was für ein Glück für ihn, dass er erst als Erwachsener zum christlichen Glauben fand. Denn sich als transsexuelle Person zu outen, ist so oder so schon schwer genug, doch im Gegensatz zu den meisten seiner queeren Kollegen, die in der Kirche groß geworden sind, hatte Kevin keine Familie, die ihm löffelweise Selbsthass eintrichterte und ihm damit zu verstehen gab, das sei „Gottes Plan" für sein Leben.

Ein paar Wochen vor unserem Treffen hatte Kevin sich im *House for All Sinners and Saints* taufen lassen. Damals sagte er: „Ich empfinde Vergebung als etwas, das dringend nötig ist, und ich finde sie in der Geschichte von Jesus. Ich brauche diese Geschichte. Und ich will ein Teil von ihr sein und dazugehören."

Es brodelte immer noch wegen dieser Nashville-Erklärung in mir und ich war gleichzeitig etwas gereizt, nun von einem ganz jungen Christen an die Botschaft Jesu erinnert zu werden, wo mir doch eigentlich nur danach war, mich in wütenden Tiraden über diesen Scheiß zu ergehen, der mich dazu gebracht hatte, Leute zu hassen.

Als ich diesem liebenswerten, jungen Mann gegenübersaß, konnte ich einfach nicht begreifen, wieso religiöse Vertreter unserer Zeit ihn als Bedrohung sehen oder wieso der Gesetzgeber und die Wähler von North Carolina es gernhätten, dass er wieder auf die Damentoilette geht. Warum nur möchten die Verfasser der Nashville-Erklärung ihn davon überzeugen, dass er schon allein durch seine Natur gegen den Willen Gottes verstößt?

Transsexualität kann für Leute meiner Generation oder ältere ein ganz schön dickes Ding sein. Das verstehe ich. Ich bin fast fünfzig, und ich habe auch eine Weile gebraucht, um dem Ganzen folgen zu können. Denn obwohl ich mit vielen transsexuellen und gender-queeren Leuten zu tun habe, blicke ich das alles manchmal immer noch nicht. Doch dann fällt mir wieder ein: Das macht nichts. Die Tatsache, dass ich es manchmal nicht kapiere, ist *mein* Problem, und ich sollte mein Problem nicht mit meinem Job verwechseln. Mein Job ist es, meine Gemeindeglieder zu lieben. Und das tue ich. Darin bin ich nicht vollkommen, aber ich tue es einfach.

Kevin und ich verabschiedeten uns und ich ging die Treppe hinunter in die Kneipe unter dem *Hooked on Colfax.* Nachdem ich am Morgen die Nashville-Erklärung gelesen hatte und bevor ich zu meinem Treffen mit Kevin aufgebrochen war, hatte ich mich noch einmal kurz in die Facebook-Gruppe meiner Gemeinde eingeloggt und alle Interessierten eingeladen, sich mit mir im Café zu treffen, es gebe ein bisschen was zu „redigieren". Ein halbes Dutzend meiner Gemeindeglieder saßen bereits über ihre Laptops gebeugt an einem Tisch.

Als meine Augen sich an das trübe Licht gewöhnt hatten, erkannte ich Meghan, die Transfrau mittleren Alters, die mich über daumennagelgroße Kreise aufgeklärt hatte und an jedem Tag ihres Lebens das Kreuzworträtsel der *New York Times* löst; Cody, einen schwulen jungen Mann, der neu in der Gemeinde war und zu jedem Gemeindepicknick riesige Mengen selbst gemachter Snacks mitbringt; Whitney und Jenny, ein verlobtes Pärchen, die sich als Freundinnen am Calvin College kennengelernt hatten, einer konservativen christlichen Hochschule; und Lori mit ihrer neunzehnjährigen queeren Tochter Miriam.

Gemeinsam verbrachten wir den Nachmittag damit, die *„Denver-Erklärung"* aufzusetzen, wie wir sie nannten – eine umgeschriebene Fassung der Nashville-Erklärung. Wir starteten mit der Präambel:

„Christen zu Beginn des 21. Jahrhunderts leben in einer aufregenden, schönen, befreienden und heiligen Epoche des Wandels. In der westlichen Kultur hat ein großes Umdenken hinsichtlich der Frage begonnen, was es bedeutet, ein Mensch zu sein, was über die zuvor von der Kirche vorgegebenen Grenzen und Definitionen hinausgeht. Insgesamt nimmt der Geist unserer Zeit mit Freude die Schönheit wahr, mit der Gott das menschliche Leben gestaltet hat und die viel reicher und vielfältiger ist, als wir sie bisher aufgefasst haben."

Wir saßen an einem Tisch in der Ecke des Kellercafés, aßen Scones, tranken Kaffee und lasen uns einen Absatz nach dem anderen durch, um anschließend unsere Änderungsvorschläge zusammenzutragen. Das Ganze fühlte sich an wie eine Liturgie. Wir hatten uns versammelt, um uns gegenseitig mit unseren Meinungen und Persönlichkeiten zu würdigen, und wir hörten inmitten dieser Stimmen auf Gott. Wir lachten, hatten auch Tränen in den Augen, spürten der Gnade nach und teilten sie miteinander.

Als wir Stunden später endlich fertig waren, sagte Cody: „Das war besser als jede Therapiestunde."

Ein paar von uns fuhren dann die zwei Meilen die Colfax hinunter nach Westen, vorbei an Bushaltestellen voller Menschen, Pizzerias und Pornoläden, und dann einen halben Häuserblock nach Norden zur Kirche, wo unser allererster Musiktreff stattfand. Da bei unseren Gottesdiensten im House keine Musikinstrumente zum Einsatz kommen, sondern nur Stimmen, hatten einige musikalisch begabte Leute beschlossen, eine

Veranstaltung zu organisieren, in der Leute ihre Talente präsentieren konnten. Um ehrlich zu sein, mir graute ein bisschen davor. Denn ich stellte mir vor, wie die ganze Sache ins Peinliche abrutschen würde, wenn früher oder später irgendjemand aufstehen und zu einem Play-back-Track „*You light up my life*" singen würde. (So, wie ich es vielleicht, möglicherweise, unter Umständen auf einem christlichen Sommercamp getan haben könnte, als ich zwölf war.)

Aber der Musiktreff war überhaupt nicht zum Fremdschämen. Er war großartig. Leute, von denen ich nicht geahnt hatte, dass sie so wahnsinnig talentiert waren, spielten klassische Stücke, Liedermacher legten mitreißende Auftritte hin, und es gab ein besonders bewegendes Cellostück. Aber der Hammer war für mich Winnie, eine üppig gebaute Frau aus Uganda, die einen mit ihrem Lächeln und ihrer ganzen Energie umhauen kann. Sie sang einen Song aus *Arielle, die kleine Meerjungfrau*, aber mit ihrem ganz eigenen Text:

Amerikanerin zu sein

(Zur Melodie von „Ein Mensch zu sein",
aus „Arielle, die Meerjungfrau")

Sieh dieses Land, ist es nicht schön,
möchtest du nicht auch gern dorthin gehen?
Glaubst du nicht auch, ich wollt' viel,
ja ich wollt' alles gleich!

Ich möchte dort
bei den Amerikanern sein,
ich möchte wählen,
denn die Millennials tun's nicht.
Dann eines Tages hab ich sogar Geld für – wie nennen die das?
Ah – Krankenversicherung!
Mit meinem Wochenlohn komm ich nicht weit,
man muss schon mal eine Niere verkaufen.
Drum wünsch ich mir,
Amerikanerin zu sein.

Als ich da an der Wand saß und dieser wunderbaren Frau zuhörte (die für viele keine schöne, junge Frau ist, sondern eine „illegale Einwanderin"), dachte ich darüber nach, warum Leute wie Kevin und Winnie von Leuten, die im Grunde überhaupt nichts über sie wissen, so oft als „Problemfälle" eingestuft werden. Und währenddessen hatte ich den Laptop offen und brachte den Entwurf der Denver-Erklärung in seine endgültige Form.

Als ich dann wieder aufsah, hatte sich Cody – der Picknickprinz – neben mich gesetzt. Ich fasste seine Hand und gemeinsam klickten wir auf „Veröffentlichen".

Mittwoch: Ich erlaubte mir selbst, lediglich sechs negative Facebook-Kommentare zur Denver-Erklärung zu lesen. In den meisten wurde mir und meiner Gemeinde vorgeworfen, dass wir „nicht an Gottes Wort glauben" oder uns nicht an die Autorität der Heiligen Schrift halten. Aber ich konnte mich mit diesen Anschuldigungen nicht lange aufhalten, denn ich musste das tun, was ich in den meisten Wochen meines Lebens tue – nämlich die Bibel lesen und studieren, also genau das, was ich angeblich so vernachlässigte.

Im *House for All Sinnes and Saints* zu predigen bringt mit sich, dass ich viel Zeit damit verbringe, den für den nächsten Sonntag vorgesehenen Bibeltext durchzukauen. Die ganze Woche über denke ich dann über den Text nach – unter der Dusche, während ich meinen Hund ausführe und wenn ich Auto fahre. Für gewöhnlich bitte ich auch am Ende meiner Seelsorgegespräche mein Gegenüber, den Text gemeinsam mit mir zu lesen und mir zu sagen, was daran ins Auge springt. Und ich habe mein Gehirn darauf gedrillt, wenn ich mitten in der Nacht aufwache, sich nicht sofort auf meine To-do-Liste zu stürzen oder auf irgendetwas, das mir gerade zu schaffen macht, sondern stattdessen den Bibeltext für die Woche zu durchdenken, bis ich wieder einschlafe. Mir kommt es manchmal so vor, als sei Predigerin zu sein so ähnlich, wie eine nicht besonders interessante Geisteskrankheit zu haben.

Aber ich habe herausgefunden, dass die Bibel ihre Schätze preisgibt, wenn man über sie nachdenkt, mit ihr ringt und sie eingehend befragt. Sie ist keine Blaupause, sie zeigt auch keinen Plan oder ein Ultimatum auf, sondern eine Geschichte von Gott und Gottes Volk, die von Generation zu Generation weitergeht.

Diese Woche war der Text aus dem zweiten Buch Mose dran.

Eins von nur sechs Büchern der Bibel, die den *Bechdel-Test* bestehen, der verlangt, dass in einem Film oder einem literarischen Werk an irgendeiner Stelle zwei weibliche Figuren ein Gespräch über etwas anderes als einen Mann führen müssen.[21] Das ist schon alles. Damit liegt die Latte nicht sehr hoch, aber sie wird selten übersprungen.

Der Lesungstext aus 2. Mose war eine Geschichte des heiligen Widerstandes. Sie erzählt davon, wie fünf unbeugsame junge Frauen dem Volk der Hebräer den Weg in die Freiheit zeigten. Und das geschah so: Über Generationen hatten die Israeliten in Ägypten friedlich als ausländische Mitbürger gelebt, aber nun gab es einen neuen Pharao, und der hatte es faustdick hinter den Ohren. Er war, wie soll ich es ausdrücken ... ein unsicherer, tyrannischer Rassist, dem es an Weisheit mangelte. So was kommt vor.

Im Laufe der Geschichte, der jüngeren wie älteren, neigten unsichere Herrscher schon immer dazu, diejenigen, die weniger Macht hatten, als „gefährlich" einzustufen. Zum Beispiel wenn Einwanderer (wie mein Gemeindeglied Winnie) für den Niedergang des Arbeitsmarktes verantwortlich gemacht werden oder wenn Schwulen (wie Cody) die Verantwortung für die hohe Scheidungsrate in die Schuhe geschoben wird (weil sie ja die

21 Der Test ist nach Alison Bechdel benannt, einer lesbischen Cartoonzeichnerin und Autorin, die ihn sich ausgedacht hat. Die sechs Bücher der Bibel, die den Test bestehen, sind 2. Mose, Rut, Samuel, Könige, Markus und Lukas.

Institution der Ehe geschwächt haben – als ob die Heteros das nicht schon längst selbst erledigt hätten), und wenn es als selbstverständlich erachtet wird, dass Transgender-Leute (wie mein Gemeindeglied Emery, Leutnant im Army Signal Corps) der Grund dafür seien, dass das US-Militär so viel Geld kostet.

So jedenfalls war dieser Pharao drauf. Er schaute sich um und sagte: „Hört mal, diese Hebräer kriegen aber ziemlich viele Kinder. Wenn das so weitergeht, haben wir bald das Land voller Leute, die eine andere Sprache sprechen und eine andere Hautfarbe haben als die Leute, die wirklich hierhergehören." Also ließ sich der Pharao etwas einfallen, um dieses „Hebräerproblem" loszuwerden. Zuerst machte er sie zu Sklaven und Zwangsarbeitern, aber das führte zu nichts. Sie bekamen immer noch Kinder. (Vielleicht, weil jetzt, wo es so wenig Schönes zu genießen gab, der Sex das Einzige war, was der Pharao ihnen nicht wegnehmen konnte.) Und so suchte sich der Pharao zwei Hebammen, Pua und Schifra, und trug ihnen auf, das „Hebräerproblem" zu lösen, indem sie jeden neugeborenen hebräischen Jungen töteten. Mädchen hingegen durften am Leben bleiben. (Wie soll einem ein Mädchen auch schon gefährlich werden?)

Doch der Pharao unterschätzte die Macht angepisster Frauen, die Schwache beschützen und Unschuldige behüten wollen – was vielleicht die Bedeutung dahinter ist, wenn im Text steht: *„Aber die Hebammen fürchteten Gott."*

Sie respektierten Gott, sie vertrauten Gott, sie liebten Gott, und sie kannten den Unterschied zwischen dem Pharao und

Gott. Furcht in diesem Sinne entspricht nicht einem Schrecken. Sie ist vielmehr eine Art von Verehrung.

Die Furcht, die der Pharao verspürte, war dagegen einfach nur eine *Furcht*-Furcht. Furcht davor, die eigene Bedeutung, Macht oder Stellung zu verlieren. Furcht davor, dass sich die Kultur um einen her verändert. Das entspricht nicht einer Form von Verehrung, sondern ist Kleingeistigkeit, die zu Dingen motiviert wie Erlassen und Verlautbarungen über Sklaven und Einwanderer und queere Menschen.

Schifra und Pua waren von dem Heiligen Geist erfüllt und bekamen die Tapferkeit wie Liebe geschenkt, sich dem Pharao zu widersetzen, und genau das taten sie auch. Sie waren ihm ungehorsam. Sie ließen die männlichen Babys leben. Denn manchmal können wir Menschen nichts Heiligeres sagen als: *Nein. Mit mir nicht!*

Als der Pharao die Hebammen wieder zu sich rief und sie fragte, warum sie seine Anweisung, sich um das „Hebräerproblem" zu kümmern, nicht ausgeführt hatten, gaben Schifra und Pua ihm eine raffinierte Antwort, indem sie ihn mit seinen eigenen rassistischen Vorurteilen an der Nase herumführten. „Ja doch, wir wollen ja die männlichen Babys töten, aber diese Hebräerinnen sind ganz anders als unsere zierlichen ägyptischen Frauen. Die sind so was von zäh – muss wohl an der vielen Sklavenarbeit liegen –, und sie können so schnell gebären, als wäre es nichts. Bis wir bei ihnen in der Sklavensiedlung sind, ist es schon zu spät. Sie haben dann schon geboren."

Der Pharao war baff. Die Sklaverei hatte sein „Hebräerproblem“ nicht gelöst, und mit seinem Versuch, die Hebammen zu manipulieren, war er auch nicht weitergekommen. Also unterzeichnete er als Nächstes eine Präsidentenverfügung, die *alle* Ägypter dazu verpflichtete, Ausschau nach neugeborenen Söhnen hebräischer Mütter zu suchen und sie in den Nil zu werfen.

An dieser Stelle wendet sich die Erzählung einer jungen Hebräerin zu, die ihren wunderhübschen kleinen Jungen vor dem Pharao versteckt hatte, solange es irgendwie möglich war. Nach drei Monaten jedoch war ihr Sohn zu groß geworden, um ihn zu verstecken, und sie sah sich gezwungen, etwas Unvorstellbares zu tun. Sie nahm einen Korb, dichtete ihn mit Bitumen, Pech und vermutlich mit einer Million Gebeten ab. Dann legte sie das Kind hinein und setzte den Korb ins Schilf am Ufer des Flusses. „Beschütze ihn, Gott“, betete sie. Das würde reichen müssen.

Wenig später ging die Tochter des Pharaos hinunter an den Fluss, um zu baden, und entdeckte ebendiesen Korb zwischen den Schilfhalmen. Neugierig schaute sie hinein und sah das Kind: seine winzigen Arme, seinen vollkommenen Mund, seine kleine Brust, die sich mit dem Atem hob und senkte, und sie dachte: *Das ist kein Problem. Das ist ein Baby.*

Auch sie wurde vom Geist Gottes erfüllt. Des Pharaos eigene Tochter widersetzte sich ihm, indem sie das Baby als ein Baby sah und nicht als Einwandererproblem oder Hebräerproblem – oder Queerproblem oder Frauenproblem oder Behindertenproblem oder Schwarzenproblem.

Anschließend trat die große Schwester des Babys, die offenbar die ganze Zeit ein Auge auf die Situation des Kindes behalten hatte, hinter dem Schilf hervor und tat etwas so Schlaues, Loyales, Liebevolles und Trickreiches, dass ich sie dafür bis zum Ende meines Lebens bewundern werde. Sie sagte nämlich zur Tochter des Pharaos: „Du, ich kenne eine Hebräerin, die wäre genau richtig als Amme für den Jungen!" Die Tochter des Pharaos war einverstanden und das Mädchen ging nach Hause.

„Er lebt, Mama!", rief die Schwester des Jungen, so jedenfalls stelle ich es mir persönlich vor, mit einem Stocken in der Stimme, das dann aber einer wilden Entschlossenheit wich. „Und weißt du was? Die Tochter des Pharaos wird dich sogar noch dafür bezahlen, dass du dein Söhnchen für sie stillst. *Mit dem Geld des Pharaos!*"

Später, nachdem die Mutter das Kind entwöhnt hatte, brachte sie ihn zur Tochter des Pharaos, die ihn als ihren Sohn annahm. Sie nannte ihn Mose, was so viel heißt wie „Ich habe ihn aus dem Wasser gezogen". – Das war der Text, über den ich am Sonntag predigen würde.

Sonntag: Es gibt nur ein paar Dinge auf dieser Welt, über die ich gut Bescheid weiß, und eines davon ist meine Gemeinde im *House for All Sinners and Saints*. In vieler Hinsicht ist das eine Gruppe von lauter Leuten, die sich auch ihre kleinen, mit Pech und Gebeten abgedichteten Flöße gebaut haben. So als wären sie zusammen von denen weggetrieben, die ihnen Schaden zufügen wollten, und dabei irgendwie wieder in der Kirche gelandet.

Sie haben mich in ihre Geschichten eingeladen. Und ihre Herzen, ihre Verletzungen, ihre Körper, ihre Sorgen und ihre Schönheit haben mich verändert. Wenn aber dann jemand eine Verlautbarung abgibt oder eine Präsidentenverfügung erlassen wird, in der sie als „Problem“ oder „Sünde“ bezeichnet werden, dann nehme ich diesen Scheiß persönlich.

Vielleicht tun Sie das auch.

Ich jedenfalls kann mir nicht vorstellen, ohne die Heilige Schrift mit so einem Zorn und so einer Trauer, wie ich sie in dieser Woche empfand, fertigzuwerden, geschweige denn darüber auch noch zu predigen. Ich wusste nicht, was ich tun oder sagen sollte. Das Einzige, was ich tun konnte, war, ihnen diese Geschichte von den widerspenstigen jungen Frauen anzubieten, die etwas Heiliges getan haben, indem sie sagten: „Nein, nicht mit mir.“

Wie sollte ich ohne die Bibel überleben?

Herr, zu wem sonst sollten wir gehen?

Du hast die Worte des ewigen Lebens.

Als nach dieser Woche voller grauenhafter Nachrichten der Sonntag vor der Tür stand, trat ich vor meine Gemeinde und meine Stimme zitterte vor Liebe, als ich anfing zu reden. „Ihr seid kein ‚Problem‘“, sagte ich. Und ich flehte sie beinahe an, mir zuzuhören. „Ihr seid kein Fehler. Ihr seid nichts anderes als das, zu dem euer Gott euch geschaffen hat. Ich stehe zu euch. Wir werden zueinanderstehen. Und es gibt eine Quelle für all die Liebe, die wir brauchen; eine Quelle für all die Tapferkeit, die wir brauchen. Und es gibt eine Quelle für die Unbeugsamkeit, die wir brauchen, doch diese Quelle entspricht nicht unserem Bestreben, mit Dingen recht haben zu wollen; sie ist nicht der Kern unserer Politik. Die Quelle unserer Unbeugsamkeit ist dieselbe Quelle, aus der fünf junge Frauen in Ägypten schöpften, als sie für die Freiheit kämpften. Diese Quelle ist der Gott Schifras und Puas."

Und noch eins: Man sollte Frauen, Transgender-Leute und Einwanderer besser nicht unterschätzen. Wir sind wirklich eine Bedrohung. Denn Gott hat überall Hebammen, Pharaonentöchter und andere heilige Leute verstreut, deren Aufgabe es ist, aus dem Tod Leben zu gebären.

Eine Gegenüberstellung:
NASHVILLE – DENVER

– NASHVILLE –

Wir bekräftigen, dass Gottes offenbarter Wille für alle Menschen Keuschheit außerhalb der Ehe und Treue innerhalb der Ehe ist.

Wir lehnen ab, dass irgendwelche Neigungen, Wünsche oder Bindungen je Geschlechtsverkehr vor oder außerhalb der Ehe noch irgendeine andere Form sexueller Unmoral rechtfertigen.

– DENVER –

Wir bekräftigen, dass Gott uns als sexuelle Wesen in endloser Vielfalt geschaffen hat.

Wir lehnen ab, dass die einzige Erscheinungsform der Sexualität, die als heilig angesehen werden kann, die eines cisgender und heterosexuell orientierten Ehepaars ist, das mit dem Sex bis zur Heirat gewartet hat. Aber wenn du zu dieser Gruppe gehörst, großartig, wir haben kein Problem mit deinem gewählten Lebensstil.

– NASHVILLE –

Wir bekräftigen, dass Gott Adam und Eva, die ersten Menschen, nach seinem Bild erschaffen hat, als Personen vor Gott gleich und als Mann und Frau verschieden.

Wir lehnen ab, dass die gottgegebenen Unterschiede zwischen Männern und Frauen sie ungleich in ihrer Würde oder ihrem Wert machen.

– DENVER –

Wir bekräftigen, dass Gott Adam und Eva, die ersten Menschen, nach seinem männliche und weiblichen Bild erschaffen hat und dass alle Menschen dieses Bild Gottes gemeinsam haben, aber körperlich und geistig unterschiedlich zum Ausdruck bringen.

Wir lehnen ab, dass wir als Menschen die Herrlichkeit des Bildes Gottes völlig begreifen oder zu Recht glauben können, unsere Sprache könne seine Grenzen definieren. Deshalb lehnen wir ab, dass diejenigen, die nicht den Geschlechternormen der Gesellschaft entsprechen, sich außerhalb irgendeines „göttlichen Plans“ befinden.

– NASHVILLE –

Wir bekräftigen, dass das Verständnis von Mannsein und Frausein definiert werden sollte von Gottes heiligen Absichten in Schöpfung und Erlösung, wie sie in der Schrift offenbart sind.

Wir lehnen ab, dass ein homosexuelles oder Transgender-Selbstverständnis mit den heiligen Absichten Gottes in Schöpfung und Erlösung vereinbar ist.

– DENVER –

Wir bekräftigen, dass es nicht mehr Mann und Frau gibt, sondern dass alle eins sind in Christus Jesus, unserem Herrn.

Wir lehnen ab jedes Selbstverständnis, das sich anmaßt, Gottes heilige Absichten für andere Leute wissen zu können, und dass solche Selbstverständnisse vereinbar sein können mit dem Evangelium der Gnade, Liebe und Barmherzigkeit, wie es in der Heiligen Schrift niedergelegt ist.

– NASHVILLE –

Wir bekräftigen, dass die Sünde das sexuelle Verlangen verbiegt, indem sie es weg vom Bund der Ehe und hin zur sexuellen Unmoral lenkt – eine Verbiegung, die sowohl heterosexuelle als auch homosexuelle Unmoral einschließt.

Wir lehnen ab, dass ein dauerhaftes Verlangen nach sexueller Unmoral ein sexuell unmoralisches Verhalten rechtfertigt.

– DENVER –

Wir bekräftigen, dass die Sünde alle Aspekte des menschlichen Lebens verbiegt.

Wir lehnen ab, dass Menschen der Sünde entkommen können, indem sie sich einfach an eine bestimmte Lehre oder Lebensweise halten.

– NASHVILLE –

Wir bekräftigen, dass es Sünde ist, homosexuelle Unmoral oder

Transgenderismus zu befürworten, und dass eine solche Befürwortung eine essenzielle Abkehr von christlicher Treue und christlichem Zeugnis darstellt.

Wir lehnen ab, dass die Befürwortung von homosexueller Unmoral oder Transgenderismus eine moralisch unbedeutende Frage ist, über die ansonsten treue Christen unterschiedlicher Meinung sein können.

– DENVER –

Wir bekräftigen, dass Christus uns zur Freiheit befreit hat und dass wir, während wir an die volle Einbeziehung aller Menschen in den Leib Christi glauben (hier stehen wir; wir können nicht anders), nicht über das Gewissen anderer Christen bestimmen können.

Wir lehnen ab, dass es Sünde ist, queere Identitäten zu befürworten und dass eine solche Befürwortung eine essenzielle Abkehr von christlicher Treue und christlichem Zeugnis darstellt.

– NASHVILLE –

Wir bekräftigen, dass die Gnade Gottes in Christus Sünder dazu befähigt, Transgender-Selbstverständnisse aufzugeben und durch geistliche Langmut die gottgegebene Verbindung zwischen ihrem biologischen Geschlecht und ihrem Selbstverständnis als Männer oder Frauen anzunehmen.

Wir lehnen ab, dass die Gnade Gottes in Christus Selbstverständnisse gutheißt, die im Widerspruch zu Gottes Willen stehen.

– DENVER –

Wir bekräftigen, dass die Gnade Gottes in Christus Sünder dazu befähigt, Vorurteile aufzugeben und zu erkennen, dass es unsere Vorurteile sind, nicht Gottes.

Wir lehnen ab, dass die Gnade Gottes selbstgerechte Behauptungen, den Willen Gottes genau zu kennen, gutheißt.

– NASHVILLE –

Wir bekräftigen, dass Christus Jesus in die Welt gekommen ist, um Sünder zu retten, und dass durch Christi Tod und Auferstehung die Vergebung der Sünden und das ewige Leben jedem Menschen offenstehen, der seine Sünde bereut und allein auf Christus als seinen Erlöser, Herrn und höchsten Schatz vertraut.

Wir lehnen ab, dass der Arm des Herrn zu kurz ist, um zu retten, oder dass irgendein Sünder außerhalb seiner Reichweite ist.

– DENVER –

Wir bekräftigen, dass Christus Jesus in die Welt gekommen ist, um Sünder zu retten, und dass durch Christi Tod und Auferstehung die Vergebung der Sünden und das ewige Leben jedem Menschen offenstehen; das ist ein höchster Schatz.

Wir lehnen ab, dass Gott ein Junge ist und tatsächlich Arme hat.[22]

22 Es waren insgesamt vierzehn Artikel, und nach anderthalb Stunden Arbeit waren wir ... erledigt.

6.
DER SCHAUKELSTUHL

Ich glaube, wir wissen, dass Adam, schon bevor der Herr ihm den Lebensatem einhauchte, ein Herz hatte, dass er ein Gehirn mit Blutgefäßen hatte und dass diese Blutgefäße und dieses Herz mit Blut gefüllt waren, genau wie die Blutgefäße und das Herz eines Fötus mit Blut gefüllt sind. Doch Adam wurde erst eine lebendige Seele, als der Herr ihm den Lebensatem eingehaucht hatte.

Dr. med. Robert L. Pettus,
aus: *As I See Sex Through the Bible*, 1973.

„Falls du Erdnussbutter lieber crunchy magst, dann geh auf die andere Seite des Raums", forderte einer meiner Betreuerkollegen die uns anvertraute Gruppe auf. Anschließend schritt eine Schar von etwa sechzig Kindern über das abgewetzte Parkett der Turnhalle des Sommercamps und sortierte sich dabei in Gruppen. Kichernd rempelten sie sich absichtlich gegenseitig an. Ein schlaksiger rothaariger Junge klatschte einen anderen mit brauner Haut und Baseballkappe ab. „Klar, Mann, die cremige kriege ich nicht runter", sagte er.

Nachdem sich die Schüler an ihrem jeweiligen Ziel eingefunden hatten, stellte der Betreuer eine weitere Frage: „Wenn du schon einmal die Schule geschwänzt hast, geh auf die andere Seite des Raums." Wieder fingen die Kinder an zu kichern und sortierten sich dabei neu. Unter den nun uns allen offenbarten Schulschwänzern befanden sich etliche, von denen man nichts anderes erwartet hätte, aber es gab auch ein paar Überraschungen. Genau das war ja das Tolle an diesem Spiel.

Von da an wurden die Fragen heikler. „Wenn deine Eltern geschieden sind, geh auf die andere Seite des Raums." – Jetzt klatschte sich niemand mehr ab. Zwei Dutzend Kinder machten sich auf den Weg zur gegenüberliegenden Wand.

Und je kleiner die Grüppchen im weiteren Verlauf des Spiels wurden – als diejenigen, die schon einmal Krebs gehabt hatten oder die schon einmal von einer anderen Person körperlich verletzt worden waren –, desto eher hielten sich die Kinder an den Händen nach dem spürbaren Motto: *Du und ich. Wir haben da etwas gemeinsam, was die anderen nicht haben. Wir sind zwar nur zu zweit, aber ich bin froh, dass wir nicht allein sind.*

Als ich Anfang zwanzig war, verbrachte ich jeden Sommer damit, in einem kleinen Hippie-Camp in Massachusetts Spiele wie dieses zu leiten.

Dieses Bild aber, einen Raum zu durchqueren, um mich zu anderen zu stellen, die in einer Sache so sind wie ich, ist mir nie aus dem Kopf gegangen. Auch als später Dinge in meinem Leben passierten – ich fuhr mein Motorrad zu Schrott, mir wurde das Herz gebrochen, ich stahl Lebensmittel, als ich zu pleite war, um für sie zu bezahlen. Jedes Mal sah ich mich dann selbst den Boden der alten Turnhalle überqueren und auf eine Gruppe von Leuten zugehen, denen dasselbe passiert war, und es tröstete mich. Es fühlte sich an, als würden emotional Ketten gebrochen.

Selbst als ich später meinen Eltern sagte, ich wäre wieder trocken, obwohl das nicht stimmte, hörte ich in meinem Innern einen jungen Betreuer die Trillerpfeife blasen und sagen: „Geh auf die andere Seite des Raums, wenn du schon einmal über deinen Alkoholkonsum geschwindelt hast.“ Vor meinem inneren Auge schlurfte ich dann hinüber zu meinen Kollegen. Ich hörte auch den Betreuer, als ich nach dem letzten Tag meiner Arbeit – ein Job, auf den ich angewiesen war, den ich aber eigentlich nicht mochte und wollte – zu Fuß zurück zu meiner kleinen Wohnung an der Colfax ging: „Geh auf die andere Seite des Raums, wenn du schon einmal gefeuert worden bist.“ Und dann war da der Tag, an dem meine Periode ausblieb. Ich hörte den Betreuer sagen: „Geh auf die andere Seite des Raums, wenn du dir schon einmal 300 Dollar pumpen musstest, um etwas zu tun, wovon du nie dachtest, dass du es jemals tun würdest; etwas, was dich gleichzeitig vernichten und retten würde."

Während ich in Gedanken die Turnhalle des Sommercamps durchquerte, stellte ich mir vor, wie ich an den reichen Frauen vorbeischritt, an glücklichen und guten Frauen, und schließlich bei der letzten Gruppe landete, zu der ich gehörte: Frauen, die die 300 Dollar nicht hatten.

Ist man erst einmal auf der anderen Seite angekommen, wird einem die Mitgliedschaft auf der anderen Seite, in dieser Gruppe, niemals wieder entzogen, auch nicht später, wenn man wieder einen richtigen Job und immer 300 Dollar zur Verfügung hat für alles, was man so braucht. Genauso, wie man niemals aufhört, das Kind zu sein, dessen Vater wegging, als man zehn war, oder das Kind, das die dritte Klasse übersprungen hat, hört man auch niemals auf, das Mädchen zu sein, das sich die 300 Dollar pumpen musste.

Ich war erst seit zwei Wochen bei einer parapsychologischen Hotline angestellt, als ich merkte, dass meine Periode ausblieb. Im Grunde besaß ich für diesen Job keinerlei Qualifikation. Weder hatte ich eine übersinnliche Fähigkeit, wie die Zukunft vorherzusagen, noch eine hellseherische Begabung, geschweige denn eine Art zweiten Blick. Das Einzige, was ich vorweisen konnte, als ich an jenem stürmischen Nachmittag einer alten

Freundin draußen auf der Straße über den Weg lief, war ein leeres Bankkonto und ein ungeduldiger Vermieter.

„Morgan!", rief ich und umarmte meine frühere Mitbewohnerin und Kollegin. „Wir haben uns ewig nicht gesehen. Bist du immer noch Kellnerin im Pegasus?"

„Nö." Sie strich sich die braunen Locken aus dem Gesicht. „Ich arbeite jetzt bei einer parapsychologischen Telefonberatung."

„Ach komm, machst du jetzt auf Madame Blavatsky?", sagte ich in der Annahme, sie wolle mich verkohlen.

„Nein, wirklich", sagte sie. „Es ist ganz einfach. Hey, das könntest du auch."

Wie lustig, dachte ich in dem Moment. Genau diesen Satz hatte mir vor einer Woche eine andere Freundin gesagt, die als Stripperin in einem Stripclub arbeitete.

Morgan wölbte ihre Hand schützend um eine Zigarette und zündete sich diese trotz des Windes geschickt an. Wir teilten uns die Zigarette und schauten den Fußgängern zu, wie diese sich verkehrswidrig über die *Thirteenth Street* manövrierten, während sie mir von ihrem Job erzählte.

„Die suchen eigentlich immer Leute und beim Vorstellungsgespräch musst du nur einmal der Geschäftsführerin die Karten legen", sagte Morgan. „Ich kann dir genau sagen, was du da sagen musst. Sie hatte vor zwei Jahren eine schreckliche Scheidung und geht seitdem dauernd mit irgendwelchen Idioten aus. Rede einfach darüber und sie wird dich lieben. Gib dann noch ein oder zwei Sätze übers Bogenschießen von dir und sie wird dich sofort einstellen. Darauf ist sie ganz versessen." Morgan nahm die halb gerauchte Zigarette von mir zurück. „Im Grunde ist das schon der ganze Job: Herausfinden, was die Leute hören wollen."

Nach einer Woche, in der ich versucht hatte, mich mit den Tarotkarten vertraut zu machen, kam ich zu dem Schluss, dass dies entweder nun mein Job werden sollte oder das Strippen, doch fürs Strippen hätte ich ins Sonnenstudio gemusst und mich rasieren und Diät halten. Beide Jobs erforderten letztlich ein Gespür für die Wünsche der Leute, aber Tarotkarten lesen konnte ich auch im Pyjama. Also war für mich die Wahl klar. Ich rief Morgans Chefin an und vereinbarte einen Termin für meine Testsitzung.

Dem Hochhaus in der Innenstadt von Denver sah man überhaupt nicht an, dass im neunten Stock eine parapsychologische Telefonberatung residierte. Keine neonbeleuchtete Kristallkugel, kein Schild an der Tür mit der Aufforderung, eine kostspielige Hotline anzurufen. Selbst wenn man den Fahrstuhl verließ und das Großraumbüro voller Stellwandkabinen betrat, war die einzige Spur, dass hier etwas Übernatürliches seinen Platz haben sollte, ein üppig dekorierter Arbeitsplatz.

Stacy, eine Frau, die in etwa so alt war wie ich und deren Aufgabe es war, mich in den Räumlichkeiten herumzuführen, deutete auf eine winzige Kabine, die so aussah, als hätte die Rockband *Grateful Dead* auf einem Renaissancemarkt einen Stand aufgebaut.

„Das ist Moniques Kabine“, sagte Stacy. „Sie ist schon ewig hier, glaubt wirklich an ihre ‚Kräfte‘ und bringt der Firma eine Menge Geld. Also, du bekommst jede Schicht, wenn du anfängst, einen freien Schreibtisch und ein Telefon zugewiesen.“

Aber wie sich herausstellen sollte, war ich keine Monique. Ich glaubte nicht an meine Kräfte, und meine Fähigkeit, andere Leute in Sachen Geld zu manipulieren, ohne dass mir dabei schlecht wurde, hatte ich erheblich überschätzt. Ich hatte anfangs angenommen, der Job wäre nicht viel anders, als Gäste anzulächeln, die ich im Restaurant bediente. Doch am Tisch ein Kleeblatt von Mitvierzigerinnen anzulächeln, die alle nur Wasser und Suppe bestellt hatten, war eine Sache, aber einen traurigen, seit Kurzem geschiedenen Mann länger am Telefon festzuhalten, als er es sich vermutlich leisten konnte, war etwas ganz anderes. *Geh auf die andere Seite des Raums, wenn du je Geld damit verdient hast, etwas zu tun, was nicht ehrlich war.* Mein erster Gehaltsscheck fiel insofern klein aus, aber meine Miete war fällig. Und zwei Wochen später merkte ich, dass meine Periode auf sich warten ließ.

Mit dreizehn hatte ich schon ein Baby. Das war nicht mein eigenes, sondern von anderen, fremden Leuten. Doch gleich am ersten Abend, als meine Familie ihn mit nach Hause brachte, wurde Stephen mein. Er war unser Pflegekind, und ich wollte nie, dass irgendjemand außer mir ihn im Arm hielt. Ich nahm ihn immer wieder aus den Babydecken heraus, die die Adoptionsstelle uns mitgegeben hatte, nur um die Wärme seiner Haut zu spüren.

Meine Mutter Peggy warnte mich, ihn nicht zu sehr ins Herz zu schließen, da wir ihn nicht behalten konnten – aber ihre Worte zählten für mich nicht. Jeden Tag rannte ich nach der Schule nach Hause in der Hoffnung, dass Stephen schon von seinem Nickerchen aufgewacht war.

„Weck ihn nicht auf, nur um ihn auf den Arm zu nehmen", hatte Peggy mich gebeten. Doch dann erwischte sie mich in meinem Zimmer mit dem halb wachen Baby in meinen dünnen jungen Armen.

„Er war schon wach", log ich sie an. Er war einfach mein Baby.

Stephen wurde uns als Pflegefamilie zugeteilt, als ich gerade selbst in einer schwierigen Phase steckte. Ich fühlte mich von so ziemlich allem entfremdet – außer von meiner Katze und Stephen. Jedes Mal aber, als ich dieses vollkommene kleine Kind in meinen Armen hielt, fühlte ich mich zutiefst menschlich verbunden und bedingungslos angenommen. Und bis heute habe ich, wann immer ich ein Baby im Arm halte, das Gefühl, dass es mir einen Segen der wiedergewonnenen Unschuld schenkt. Es zeigt mir, was möglich ist; einen Augenblick, in dem ich frei von Zynismus bin. Denn Babys erinnern mich daran, dass es Hoffnung gibt. Sie trösten mich wie nichts anderes. Sie sind Liebe, bevor sie sprechen können. Priesterliche Urwesen in Baumwolle gewickelt.

Ich sagte meiner Mutter, ich wolle Stephen behalten, weil ich ihn liebte. Aber ich wollte ihn auch deshalb behalten, damit er mich zurücklieben könnte. Beide Sichtweisen waren zutreffend, aber nur eine konnte ausgesprochen werden.

„Schließ ihn nicht zu sehr ins Herz", wiederholte sie. Aber ich ließ es mir nicht nehmen, sein Fläschchen aufzuwärmen, seine Milch anzurühren und ihn zu füttern, nur um sein ganzes Gewicht in meinen Armen zu spüren und sein rhythmisches Saugen an der Flasche zu hören. Ich spürte, dass meine Mutter mich voller Sorge beobachtete. Sie stand nicht weit entfernt von mir und musterte ihre kränkliche Tochter, die noch ganz verschwitzt war von ihrem Sprint nach Hause und in den Armen dieses vollkommene, gesunde Baby hielt.

Ich selbst, Peggys Baby, kam zu früh auf die Welt. Meine Haut war ganz orange und ich brauchte als Erstes drei Bluttransfusionen. Eigentlich schien meine Zeugung sogar unmöglich zu sein, geschweige denn, dass ich lebendig auf die Welt kommen sollte. Peggy hatte nämlich die Pille genommen und außerdem eine Rhesus-Inkompatibilität, die dazu führte, dass ihr eigener Körper sich gegen das in ihr heranwachsende Baby wehrte. Heutzutage lässt sich dieser Zustand mit einer einzigen Spritze beheben, sodass Frauen gefahrlos ihr Baby austragen und auf die Welt bringen können. Doch in den 1960er-Jahren ging man davon aus, dass Frauen mit rhesus-negativem Blut nur ein gesundes bekommen könnten, da die Gefahr der Abwehrreaktion mit jeder weiteren Schwangerschaft stieg. Demnach war ein Baby ein Segen. Zwei waren unwahrscheinlich. Drei kaum möglich.

Peggy war sechzehn, als während eines Gemeindepicknicks an einem kühlen Sommernachmittag ihr Blick auf einen hochgewachsenen, klapperdürren Mann mit schwarzen Haaren und hellblauen Augen fiel. Sie heiratete Dick Bolz gleich noch in derselben Woche, in der sie achtzehn Jahre alt wurde. Ein paar Monate später zogen sie nach Deutschland, wo er für seinen ersten Einsatz in der US Air Force stationiert wurde. Sie war neunzehn, als meine Schwester Barbara geboren wurde, und bald darauf ließen sie es auf ein zweites Baby ankommen. Diesmal wurde es ein Junge, Gary, der achtzehn Monate später auf die Welt kam, als sie bereits wieder nach Texas gezogen waren. Und noch während Peggy ihr kleines, gesundes zweites Kind in den Armen hielt, riet ihr der Arzt im Militärkrankenhaus in San Antonio: „Peggy, Sie müssen von jetzt an verhüten. Für immer."

Vier Jahre vergingen und dann blieb ihre Periode aus.

Ich male mir gern vor Augen, wie sie mich als Baby mit gesunder Gesichtsfarbe stundenlang im Militärkrankenhaus in den Armen hielt, nachdem mein gesamtes Blut durch das einer fremden Person ersetzt worden war. Peggy erzählt liebend gern die Geschichte, wie ich einen Tag alt war und die Ärzte immer noch nicht wussten, ob ich durchkommen würde, und eine besonders herrische Krankenschwester ihr sagte, sie solle mich nicht stillen. „Sie wollen doch nicht, dass Ihre Milch einschießt, wenn Sie wahrscheinlich später gar kein Baby zum Stillen haben", hatte sie zu Peggy gesagt.

Zwei Tage danach, als ich schon länger als erwartet am Leben war und meine Mutter mich immer noch stillte, schimpfte dieselbe Schwester mit ihr: „Sie werden dieses Baby nur noch kränker machen." Worauf Peggy voller Glauben, Gebet und schierer Willenskraft ihren Kopf hob und sagte: „Das klingt für mich einfach nicht richtig", und mich von einer Brust an die andere legte.

Während der Heimfahrt vom Krankenhaus fragte meine Mutter meinen Vater, ob sie an dem Antiquitätengeschäft in der alten Scheune halten könnten, das sie so mochte. Ein paar Wochen zuvor hatte sie dort einen Schaukelstuhl an der Wand hängen sehen, so einen mit Kufen, die weit nach hinten hinausragen.

Er war noch da. Sie nahm darin Platz. Ihre Arme ruhten entspannt auf dem Stuhl, und da ich in dem Moment schon wieder Hunger hatte, schaukelte sie weiter zurück, als man es mit einem Schaukelstuhl je tun sollte, und stillte mich gleich vor Ort – im Antiquitätengeschäft unter der Babydecke aus dem Krankenhaus. Meine Eltern kauften den Stuhl und nahmen ihn gleich mit mir nach Hause.

Als wir drei Kinder heranwuchsen, forderten wir zu Hause unsere Gäste immer gern auf, diesen Schaukelstuhl einmal auszuprobieren; denn wir wussten, sie würden in Panik geraten und denken, sie würden nach hintenüberkippen. Passiert ist das natürlich nie. Es fühlte sich einfach nur so an.

Eines Tages, nachdem ich Stephens Milch angerührt, aufgewärmt und ein paar Tropfen davon auf meinen Unterarm geträufelt hatte, um die Temperatur zu prüfen, setzte ich mich auf diesen knarrenden Schaukelstuhl. Peggy saß mir gegenüber auf dem goldenen Samtsofa und sah zu, wie ich Stephen fütterte. Meine zwölf Jahre alten Arme hingen zwischen den Armlehnen des Stuhls. Sie waren zu kurz, als dass ich sie direkt darauf hätte ablegen können, und ich küsste die winzigen Füße des Babys, während es zufrieden an seiner Flasche nuckelte.

Peggy lächelte uns zu. „Sie war so selbstlos", sagte sie offensichtlich in der Hoffnung, ich würde sie fragen, was sie damit meinte.

„Wer?", ging ich darauf ein.

„Stephens leibliche Mutter. Du darfst sie nie dafür verurteilen, dass sie ihn aufgegeben hat, Nadia. Das war eine geistliche Entscheidung."

Das hatte sie mir schon mehr als einmal gesagt, wie nobel die Entscheidung von Stephens Mutter gewesen war, wie selbstlos. Sie hatte an ihr Baby gedacht und daran, wer seine Adoptiveltern sein würden, noch bevor sie an sich selbst dachte.

Ein paar Wochen später kam schließlich der Nachmittag, als ich nach Hause zurückkam und meine Mutter mit Stephen auf dem Arm und einer kleinen Windeltasche in der Hand antraf. Neben ihr stand ein verräterischer Koffer.

„Er ist adoptiert worden!", verlautbarte sie, als gäbe es einen Grund zum Feiern.

Doch ich flehte sie an, ihn zu behalten. Ich bettelte. „Ich kümmere mich auch um die ganze Arbeit, das verspreche ich." Wer waren überhaupt diese Leute, die sich anmaßten, seine Eltern sein zu wollen? Die liebten ihn bestimmt nicht so wie ich. Niemand tat das. Er war doch mein Baby.

Mir mangelte es damals an der Selbstlosigkeit, für die Peggy Stephens leibliche Mutter so gelobt hatte; sie fehlte mir auch elf Jahre später, als ich ungewollt schwanger war. *Wenn du selbstlos genug warst, ein Kind zur Adoption freizugeben, geh auf die andere Seite des Raums.* Stephens Mutter konnte rübergehen; ich aber wusste, ich konnte es nicht.

Wenn ich das Baby von jemand anderem nicht aufgeben konnte, hätte ich nie mein eigenes aufgeben können. Und wenn ich ein Baby weder aufgeben noch behalten konnte, dann konnte ich einfach kein Baby bekommen. Ich war genauso alt wie meine Mutter, als ihre Periode ausblieb, obwohl das bei ihr nicht mehr hätte passieren dürfen. Nur war *ich* mit vierundzwanzig nicht verheiratet und meine Mutter bereits Mutter von zwei Kindern. Ich war Single, seit knapp zwei Jahren trocken und clean und verdiente 800 Dollar im Monat als „Hellseherin". Seit sechs Jahren war ich nicht beim Zahnarzt gewesen. Ich wäre eine grauenhafte alleinerziehende Mutter gewesen. Ich liebte meinen Freund sehr, aber er liebte mich nicht genug – und obwohl ich einen Augenblick lang dachte, wir könnten vielleicht heiraten und gemeinsam ein richtiges Leben anfangen, kam es dann doch nicht so.

Stacy von der Telefonberatung hatte mir den Namen und die Telefonnummer eines Arztes gegeben, bei dem sie selbst ein Jahr zuvor gewesen war, nachdem ein One-Night-Stand im Suff etwas Dauerhaftes annahm. „Der Arzt ist gut“, sagte sie. „Aber nicht gerade warmherzig.“

Und so wurde ich zu dem Mädchen, das sich dreihundert Dollar pumpen musste, um etwas zu tun, wovon sie nie gedacht hätte, dass sie es jemals tun würde.

Am Morgen nach der Abtreibung lag ich auf der dünnen Matratze in der Ecke meiner Einzimmerwohnung. Die Matratze stammte aus dem Innern des einzigen anderen Möbelstücks, das ich besaß, einem kleinen, fleckigen Schlafsofa, das nun bis auf den Boden heruntersackte, wenn man sich daraufsetzte. Die Couch erweckte einen soliden Eindruck, aber ihr Inneres war herausgezogen worden. Sie war ein Körper, der nur aus Haut und Luft bestand.

Mein Freund Eric, der sich die ganze Zeit über fürsorglich, zärtlich und hilfsbereit um mich gekümmert hat, war gerade zu seiner Arbeit als Pizzakurier aufgebrochen, als es plötzlich an meiner Tür klopfte. Mühsam kroch ich von der Matratze hoch. Es war meine Freundin Claire, eine Neuseeländerin, deren Visum abgelaufen war und die sich nun mit allen möglichen Gelegenheitsjobs durchschlug – sie kochte, nähte und stellte aus Schrott allerlei schöne Dinge her.

„Ich dachte mir, du brauchst vielleicht ein paar Sachen“, sagte sie, nachdem ich ihr die Tür geöffnet hatte. Dann überreichte sie mir einen Korb, der ausgelegt war mit einem alten Damentaschentuch und gefüllt mit frischem Brot, selbst gemachter Suppe, einer Tafel dunkler Schokolade und zwei auserlesenen Mandarinen.

Claire hatte mich schon ein paarmal besucht, daher dachte ich wohl nicht mehr daran, sie vor der Gefahr zu warnen, von meinem Sofa verschlungen zu werden. Und so wurde unser schöner, wohltuender Moment tiefer Freundschaft für einen Moment unterbrochen, als Claires dünner Hintern auf dem Boden aufschlug und ihre Knie und ihr Oberkörper zusammenklappten wie die beiden Deckel eines dicken Buches.

Wir fingen an zu lachen, und zwar in einer Art, wie nur Leute, die traurig sind, damit umgehen können.

Als ich vier Jahre später mit Harper in den Wehen lag und vor Schmerz und Machtlosigkeit fast den Verstand verlor, beruhigte ich mich selbst damit, dass ich immer wieder vor mich hin murmelte: „Jeder Mensch. Jeder Mensch." Das war etwas, worüber ich während meiner Schwangerschaft oft nachgedacht hatte. *Jeder Mensch* steht für eine Schwangerschaft und eine Geburt. Was mit mir und meinem Körper geschah, kam mir fremdartig und gewaltsam vor. Dabei haben Frauen seit Anbeginn der Zeit Wehen und bringen ihre Babys zur Welt, und an eben diesem Abend wurde ich eine von ihnen. Sie warteten auf der anderen Seite dieses emotionalen Kettenbrechens auf mich.

Auch mein Baby hatte gewartet. Das Baby, das ich behalten konnte. Das Baby, das ich in Peggys altem Schaukelstuhl stillen würde, auch wenn ich manchmal in Panik geraten und denken würde, ich kippe nach hintenüber.

Manchmal rechne ich. Wie alt wäre das Kind jetzt, wenn ich mich anders entschieden hätte? Ganz einfach: vier Jahre älter als Harper, beziehungsweise sechs Jahre älter als Judah.

Eine Zeit lang war ich völlig fertig über meine Entscheidung, allerdings nicht, weil ich dachte, ich hätte eine furchtbare Sünde begangen, oder weil ich mich schämte. Es war, weil ich wusste, ich hätte dieses Baby geliebt. Das ist wahr. Aber es kann mehr als eine Sache gleichzeitig wahr sein, und was auch wahr ist, zutiefst wahr, ist, dass ich nie, selbst nachdem ich Kinder hatte, selbst nachdem ich Pastorin geworden bin, auch nur eine einzige Minute lang meine Entscheidung bereut habe. Sie war richtig.

Nachdem Harper geboren war, ich sie in den Armen hielt und ihren leisen Atem hörte, musste ich an Gott denken. Wenn Babys aus dem blutverschmierten Schoß ihrer Mutter kommen, wenn ihre Haut zum ersten Mal mit Luft in Berührung kommt, bringt die plötzliche Kälte sie dazu, ihre kleinen Münder aufzusperren. Und damit sie leben, müssen sie Atem in ihre winzigen Lungen holen, jene Beutel aus zarten Flügeln, durchsetzt von Blutgefäßen.

Nach manch muslimischer Tradition ist das Allererste, was ein neugeborenes Baby zu hören bekommt, der Name Gottes, den ihm sein Vater ins rechte Ohr flüstert. Ich stelle mir gern vor, dass auf diese Weise bekräftigt wird, wem sie gehören und von wem sie gekommen sind. Indem man einem Baby, das gerade aus dem Schoß der Mutter auf die Welt gekommen ist, den Namen Gottes ins Ohr flüstert, drückt man vielleicht aus, dass der Atem, den das Baby soeben geholt hat, der Atem Gottes ist. Und dass dieser aus derselben göttlichen Quelle stammt, aus der das Baby zu uns gekommen ist, und dass das Baby nach seinem Tod zu eben dieser göttlichen Quelle zurückkehren wird.

Lange Zeit haben Rabbiner geschrieben, dass die Seele bei der Geburt mit dem ersten Atemzug in den Körper einzieht. Denn der Atem ist das Lebensgeschenk desjenigen, der uns geschaffen hat. Er kommt von Gott, der unser Ursprung wie Ziel ist. Und nach der hebräischen Bibel ist JHWH (oder Jahwe) der aus vier Buchstaben bestehende Name Gottes, der zu heilig ist, um ausgesprochen zu werden, weshalb er in unseren Bibeln schlicht mit „Herr" wiedergegeben wird.

Manche Rabbiner lehren, Jahwe sei eigentlich gar kein Wort. Sie sagen, es sei buchstäblich der Klang des Atems selbst, was einleuchtet, da die treffendste Übersetzung seiner Bedeutung „der, der werden lässt" lautet. *„Da machte Gott der Herr den Erdling aus*

Staub von der Erde und blies ihm den Odem des Lebens in seine Nase. So ward der Erdling ein lebendiges Wesen" (1. Mose 2,7).[23]

Einatmen, *jah*. Ausatmen, *we*.

Einatmen, *jah*. Ausatmen, *we*.

Mit dem Entwurf des Kapitels über Schwangerschaft, Babys und den Schaukelstuhl meiner Mutter wurde ich fertig, als ich im Sommer als Referentin an einem entlegenen lutherischen Einkehrzentrum im Staat Washington arbeitete. Harper würde im Herbst zum College aufbrechen, und Judah war kurz davor, eine dreijährige Lehre anzufangen, sodass wir die Gelegenheit genutzt hatten, noch einmal an einem Ort, den wir alle mochten, eine Woche gemeinsam zu verbringen.

Nachdem Harper den Entwurf zu Ende gelesen hatte, umarmte sie mich und nickte wissend. Dann machten wir uns auf den Weg von unserer Blockhütte den Hang hinab zum gemeinschaftlichen Kaminzimmer, wo ich gleich am wöchentlichen Fakultätsforum teilnehmen würde, zu dem sich das Referententeam des Einkehrzentrums einfand, um die ganze Bandbreite der Themen zu diskutieren, über die wir in den Tagen zuvor gesprochen hatten. Etwa fünfunddreißig Leute hatten sich versammelt, um zuzuhören und ihre Fragen zu stellen.

Eine Stunde lang unterhielten wir uns über Ökologie, Liturgie, Theologie und den Konflikt in Nordirland. Dann, gegen Ende der Veranstaltung, ergriff ein Mann Anfang siebzig das

23 Richard Rohr, *The Naked Now: Learning to See as the Mystics See* (Chicago: Crossroad, 2009), Kap. 2.

Wort. „Es gibt nur eine Sache, die niemand während dieser Woche erwähnt hat; etwas, das mir sehr am Herzen liegt."

Bissig dachte ich: *Dir ist schon klar, dass es einen Haufen Themen auf der Welt gibt, oder? Wir haben zum Beispiel auch kein Wort über Raumfahrt, Wasserschildkröten oder Hühnermägen verloren.*

Er fuhr fort: „Etwa eine Million Amerikaner sind im Krieg gefallen, seit dieses Land gegründet wurde. Und wir haben Tage, an denen wir uns ihrer erinnern und sie ehren." Seine Frau, die neben ihm saß, stieß ihm sanft ihren Ellbogen in die Seite. Es sah aus wie eine Warnung, die er aber nicht weiter beachtete.

„Doch Hunderttausende von Amerikanern sterben jedes Jahr, ohne dass es jemand bemerkt", fuhr er fort. „Sie werden ermordet. Ermordet im Mutterleib. Warum haben wir darüber nicht gesprochen?"

Für mich hieß es an dem Punkt: kämpfen oder fliehen. Ich hielt Ausschau nach dem nächsten Ausgang. Und hätte ich mir nicht den Moment genommen, kurz um Hilfe zu beten, hätte ich entweder den Raum verlassen oder einen 70-jährigen Mann tätlich angegriffen.

Stattdessen ergriff ich mit meinem sachlichsten Tonfall das Wort. „Mein Herr, Tatsache ist, dass viele von uns eine Ansicht vertreten, die Christen wie Juden über eine sehr, sehr lange Zeit vertreten haben – dass nach der Schöpfungsgeschichte in 1. Mose das Leben mit dem Atem beginnt. Sie sollten also Leuten, die von einer ganz anderen Prämisse ausgehen als Sie, keine Mordvorwürfe an den Kopf werfen."

Ich holte so tief Luft, wie ich nur konnte, was nicht sehr viel war, weil ich so wütend war, und sagte dann etwas, das ich noch nie in der Öffentlichkeit gesagt hatte: „Und wissen Sie was? Ich hatte eine Abtreibung, als ich vierundzwanzig war."

Anschließend fing ich an, die Geschichte zu erzählen, die ich gerade an diesem Tag niedergeschrieben hatte, wie sehr ich Babys liebe und dass meine Entscheidung, eines nicht zu bekommen, mich eine Zeit lang völlig fertiggemacht hatte und ich sie doch nie bereut hatte, weil ich wusste, dass es die richtige Entscheidung für mich war.

Ich sah mich im Raum um und merkte an der Körpersprache der Frauen, wie angespannt und traurig und wütend viele von ihnen zu sein schienen. Aber ich hatte den Verdacht, dass es nicht daran lag, was ich gesagt hatte. Und ich fügte hinzu: „Wenn Sie durch irgendetwas, was heute in diesem Raum gesagt wurde, verletzt worden sind, dann tut mir das sehr leid. Und wenn Sie ebenfalls eine Abtreibung hatten und gerne darüber reden möchten, würde ich sehr gern ihre Geschichte hören."

Ich war an diesem Abend bis Mitternacht wach.

Mit mehreren Frauen machten wir uns auf den Weg den Hang hinauf zum Speisesaal, wo wir bei Toast und Kräutertee uns über unsere Aufgebrachtheit über die Bemerkung des Mannes unterhielten. Stundenlang lachten wir, tranken Tee und erzählten einander Geschichten über Sex, unsere Körper und Schwangerschaften. Dieser Abend war für mich das Beste an der ganzen Woche.

Auf dem Weg zurück zu meiner Hütte kam eine weitere Frau auf mich zu, so als ob sie nur darauf gewartet hätte, bis ich endlich frei war.

„Ich war zwanzig“, war alles, was sie sagte.

Ich nahm sie in die Arme: „Danke, dass Sie mir das sagen.“

Sie brach daraufhin in Tränen aus und ich hörte ihr weiter zu.

„Es ist zweiundzwanzig Jahre her, und ich habe noch nie einem anderen Menschen davon erzählt. Nicht einmal meinem Mann oder meiner Mutter oder meinen Freundinnen. Niemandem.“

Als ich sie fragte, warum nicht, sagte sie nur: „Wahrscheinlich, weil ich mich nie dazu eingeladen fühlte.“

Ich dankte ihr, umarmte sie noch einmal und lud sie ein, vielleicht einmal darüber nachzudenken, noch ein paar mehr Menschen davon zu erzählen. Dann ging ich weiter den Hang hinauf und schickte meinem Freund zu Hause eine Textnachricht, um ihm davon zu erzählen, was gerade passiert war. Wir waren inzwischen seit fast einem Jahr zusammen. Außerdem waren wir vorher schon einmal ein Paar gewesen, damals, als ich vierundzwanzig war. Sein Name ist Eric. Er hat früher Pizzas ausgeliefert.

Wie Abtreibung in Amerika zum politischen Kampfthema der Evangelikalen wurde.

Ein geschichtlicher Überblick

1968 veröffentlichte die Zeitschrift *Christianity Today*, das Aushängeschild der konservativen Evangelikalen, einen Leitartikel zum Thema Geburtenkontrolle. Der Artikel zitierte Bruce Waltke, einen Professor von dem als äußerst konservativ bekannten *Dallas Theological Seminary*, mit der Aussage, die Bibel lehre eindeutig, das Leben beginne mit der Geburt, nicht mit der Empfängnis.

„Gott betrachtet einen Fötus nicht als Seele, wie weit die Schwangerschaft auch fortgeschritten sein mag", behauptete Waltke. „Das Gesetz führt klar aus: ‚Wer irgendeinen Menschen erschlägt, der soll des Todes sterben' (3. Mose 24,17). Nach 2. Mose 21,22–24 aber ist die Zerstörung eines Fötus kein todeswürdiges Verbrechen. [...] Offenkundig wird also im Gegensatz zur Mutter der Fötus nicht als Seele aufgefasst."[24]

---

24 Und 1973 schrieb der Arzt Robert L. Pettus jr. ein Buch mit dem Titel *As I See Sex Through the Bible* auf der Basis einer Kursreihe, die er in seiner Gemeinde der *Church of Christ* in Madison (Tennessee) gehalten hatte. Darin ermittelte er sorgfältig anhand der Bibel die Antworten zu Fragen über Sexualität und Genderrollen und kam dabei meist zu Schlussfolgerungen, die dem konservativen christlichen Denken der damaligen Zeit entsprachen. Als er jedoch darauf zu sprechen kam, was die Bibel über Abtreibung sagte, lautete sein Schluss, ein Fötus habe keine Seele, weil Gott erst mit dem Atem Adam das Leben gegeben habe.

Der Arzt Jonathan Dudley schrieb später einen Kommentar im „*Belief*"-Blog von CNN, in dem er anmerkte, diese Sichtweise sei „unter evangelikalen Denkern damals Konsens" gewesen.[25]

Was hat sich da verändert, fragen Sie? Nun, die Bibel jedenfalls nicht. 1969 hatten einige schwarze Familien in Mississippi einen Prozess gegen christliche Privatschulen geführt, die schwarzen Schülerinnen und Schülern die Aufnahme verweigert hatten. Das hatte sich verändert.

Was aber hat dieses Gerichtsverfahren mit den Sichtweisen über Abtreibung zu tun? Die landläufige Version der religiösen Rechten in den USA lautet, die amerikanischen Evangelikalen seien 1973 als Reaktion auf *Roe v. Wade* (jene umstrittene Entscheidung des Obersten Gerichtshofes der USA, die einer liberaleren Abtreibungsgesetzgebung den Weg ebnete) aus ihrer politischen Reglosigkeit erwacht. Das ist eine spannende Geschichte, aber sie stimmt nicht ganz.[26] Das Thema, das erstmals die evangelikale christliche Wählerschaft mobilisierte, war eine Frage der „Religionsfreiheit" – nämlich die Freiheit christlicher Institutionen, zutiefst rassistisch zu bleiben.

Neun Jahre vor dem Prozess um die rassistischen Aufnahmekriterien christlicher Schulen in Mississippi behauptete Bob Jones sen., Evangelist und Gründer der nach ihm benannten

---

25 Jonathan Dudley, „My Take: When Evangelicals Were Pro-Choice", Belief Blog, CNN, 20. Oktober 2012.

26 Randall Balmer, *Thy Kingdom Come: How the Religious Right Distorts Faith and Threatens America* (New York: Basic Books, 2006), Kindle-Ausgabe, Pos. 463–470.

Universität, in einer Rundfunkansprache, Rassentrennung sei von Gott verordnet, und wer Rassentrennung bekämpfe, kämpfte gegen Gott und „Gottes Plan" für die Menschheit.[27] Erst 1971, vierundvierzig Jahre nach ihrer Gründung, nahm die *Bob Jones University* ihren ersten afroamerikanischen Studenten auf und selbst dann nur unter Druck der Bundesbehörden.[28] In jenem Jahr entschied der Oberste Gerichtshof der USA in der Sache *Coit v. Green*, dass Privatschulen ihre Steuerbefreiung verlieren, wenn sie an rassendiskriminerenden Verfahrensweisen festhalten.

Paul Weyrich, der Gründer des konservativen Thinktanks „*The Heritage Foundation*" und einer der Architekten der religiösen Rechten, wollte die amerikanischen Christen noch als moralische Kraft auf der Bühne der amerikanischen Politik der 1970er-Jahre einsetzen. Nachdem sie also die Christen zur Verteidigung der *Bob Jones University* und ihrer rassendiskriminierenden Vorgehensweisen mobilisiert hatten, sprachen er und mehrere andere führende Evangelikale in einer Telefonkonferenz ihre künftige Strategie ab. Den Inhalt des Gesprächs hat der Historiker Randall Balmer aus Dartmouth in seinem Buch *Thy Kingdom Come* wiedergegeben:

> Einer meinte ... sie hätten das Zeug zu einer breiteren politischen Bewegung – worauf Weyrich schon immer ge-

27 Daniel L. Turner, *Standing Without Apology: The History of Bob Jones University* (Greenville, SC: BJU Press, 2001), S. 225, 369.

28 Erst 2000 wurde auf dem Campus der Bob Jones University das Verbot von Beziehungen zwischen Männern und Frauen unterschiedlicher Rasse aufgehoben.

drängt hatte –, und fragte, welche andere Themen sie angehen könnten. Mehrere Teilnehmer machten Vorschläge, und dann, so Weyrich, sagte eine Stimme am Ende einer der Leitungen: „Was ist mit Abtreibung?" Und so wurde Abtreibung in die politische Agenda der religiösen Rechten eingeflickt.[29]

Nach der Mobilmachung zugunsten der religiösen Freiheit konservativer christlicher Institutionen, rassistisch zu bleiben und dennoch keine Steuern zahlen zu müssen, wollte eine kleine Koalition führender Evangelikaler den gewonnenen Schwung weiter nutzen und entschieden sich für Abtreibung als das Thema, mit dem sie ihre Bewegung aufbauen wollten. An diesem Tag fingen die Evangelikalen an, ihre Meinung darüber zu ändern, was die Bibel über den Beginn des Lebens sagt.

Es gibt so viele unterschiedliche Erfahrungen mit Empfängnis und Schwangerschaft. Manche von uns sehnen sich vergeblich danach, ein Kind zu empfangen; manche haben heiß ersehnte Babys durch Fehlgeburten verloren. Jede Person erlebt Empfängnis und Schwangerschaft je nach ihren Umständen, Überzeugungen und Wünschen anders.

Wenn ich Sie an diese Vorgeschichte erinnere – daran, dass Christen ursprünglich der Meinung waren, das Leben beginne mit der Geburt, und dass die Pro-Life-Bewegung aus politischen

29 Balmer, *Thy Kingdom Come*, Kindle Pos. 481–532.

Motiven konstruiert wurde –, will ich damit nicht irgendjemandes Erfahrung oder Perspektive in Abrede stellen. Ich möchte nur sagen: Wenn das vorherrschende evangelikale Argument gegen Abtreibung – dass die Bibel „klar“ sage, das Leben beginne mit der Empfängnis oder im Mutterleib, sodass jeder wahre Christ glauben müsse, was gute Christen „schon immer“ geglaubt haben, nämlich dass Abtreibung Mord sei – Ihnen Scham eingeflößt oder Ihnen oder anderen Schaden zugefügt oder Sie davon abgehalten hat, nach Ihrem Gewissen abzustimmen, dann sollten Sie die Geschichte dieser Position kennen. Und ich möchte, dass Sie frei sind, denn es gibt viele Möglichkeiten, dieses Thema zu betrachten und treu zu bleiben. Es gibt viele Möglichkeiten, die Bibel zu lesen und treu zu bleiben. Es gibt viele Möglichkeiten, treu zu bleiben.

7.
DAS FEUER IM KAMIN

„Ich weiß noch, in der Jugendgruppe, da hatten sie so eine Metapher mit Feuer, die sie immer gebrauchten“, sagte er und blinzelte, als wir aus der Tür des *Hooked on Colfax* ins Sonnenlicht traten.

„Das Feuer im Kamin?“, fragte ich und verdrehte die Augen.

Er lachte nur und fischte seinen Autoschlüssel aus der Tasche. „Genau.“

Trent hatte mir gerade eine Stunde lang geschildert, was er als Gemeindekind gelernt hatte: dass er Gott, dem Wesen, das ihn mit seiner Sexualität geschaffen hatte, nur gefallen könne, indem er einen großen Bogen um seine erotische Veranlagung machte. Als hätte der Gott des Universums einen passiv-aggressiven Test für unsere Willenskraft in die Schöpfung einprogrammiert.

Trent ist nur einer von vielen, die mir ihre Geschichten über manipulative Lehren über die Gefahren von Sex berichtet haben, die in Jugendgruppen anstatt einer umfassenden Sexualaufklärung verbreitet wurden.

Da existiert zum Beispiel das Bild von einer Rose, die im Kreis herumgereicht wird und die sexuelle Tugendhaftigkeit eines Mädchens symbolisieren soll. Jeder Junge aus der Gruppe (als Stellvertreter für mögliche Partner) zupft ein Blütenblatt heraus, sodass am Ende für den Ehemann nur noch ein vertrockneter Stängel übrig bleibt. Oder das Wasserglas, in das jeder hineinspuckt, und die letzte Person in der Reihe wird dann gefragt, ob sie es jetzt trinken möchte, nachdem die Körperflüssigkeiten aller anderen mit dem Wasser vermischt sind. Und dann ist da noch die Feuermetapher ...

Feuer, so lehren es die Enthaltsamkeitsapostel den Jugendlichen, kann Geborgenheit und Wärme und Behaglichkeit spenden – aber nur, wenn man es einhegt. Holt man hingegen das Feuer aus dem Kamin heraus, wird es alles andere ringsum verzehren. Genauso ist es mit dem Sex. Begrenzt du ihn nicht auf den „Kamin“ – einer lebenslangen, monogamen, heterosexuellen, christlichen Ehe – , wird er dich verbrennen und alles in deinem Leben zerstören.

Die Sache ist die: Ich kann nicht widerlegen, Sex verhielte sich nicht wie Feuer. Die Metapher passt schon. Doch Feuer ist ein wesentlicher Bestandteil des menschlichen Daseins. Es ist gefährlich, ja, aber es ist nicht unbeherrschbar. Es gibt Kamine, schön. Aber Feuer gibt es auch in Taschenfeuerzeugen. Und in Gasöfen, in Wasserboilern, inmitten eines Rings aus Steinen auf dem Campingplatz und auf unzähligen Geburtstagskerzen. Ganz zu schweigen von der Sonne.

Auch das Autofahren ist gefährlich. Deshalb bringen wir unseren Kindern so viel wie möglich darüber bei, ehe sie selbst fahren, und dann geben wir ihnen eines Tages den Autoschlüssel. Gemüse zu hacken ist gefährlich. Also zeigen wir unseren Kindern, wie man das Messer richtig hält und die Finger krümmt. Freundschaften sind gefährlich. Deshalb reden wir mit unseren Kindern über Großzügigkeit, persönliche Grenzen und Selbstachtung.

Und Feuer ist gefährlich, also halten wir sie an, den nötigen Respekt davor zu haben. Trotzdem kenne ich niemanden, der sich nicht schon einmal irgendwie verbrannt hat, sei es an einer heißen Bratpfanne, einem Silvesterkracher oder einem Lockenstab. Es tut weh – und es heilt wieder. Natürlich gibt es auch Leute, die sich so schlimm verbrannt haben, dass die Narben nie wieder ganz verschwinden. All das ist hinsichtlich Feuer zutreffend. Und ebenso für den Sex.

Sex kann Wärme bringen, aber ebenso Frost. Sex kann genauso Verbundenheit schaffen wie Entfremdung. Sex kann Verständnis bringen, aber manchmal auch verwirren. Sex kann Kraft schenken, manchmal aber auch demütigen. Und wir können unseren Kindern beibringen, dass all dies sowohl in als auch außerhalb der Ehe möglich ist. In heterosexuellen wie in queeren

Beziehungen. Bei Jung wie Alt. Sex strahlt und flackert und er tobt, leuchtet, wärmt und brennt.

Irgendwann akzeptierte Trent nicht mehr, dass Sex eine Sünde sein sollte, und er wollte sich selbst einmal daran versuchen. Doch als er anfing, sich mit Leuten zu treffen, fiel es ihm schwer, seiner Leidenschaft Raum zu gewähren – er wusste nicht, wie er sich einer Frau sexuell nähern und seiner Sexualität ihr gegenüber Ausdruck verleihen konnte. Selbst lange nachdem er die Lehren seiner Jugend abgelegt hatte, fühlte sich Trent immer noch so, als wären seine erotischen und sexuellen Antennen und Reize, die wir alle von Natur aus haben, bei ihm verkümmert, nachdem seine Gemeinde ihn so lange dazu angehalten hatte, sie zu ignorieren. Er fürchtete schon, dieser Schaden wäre nicht mehr zu beheben.

1986, ich war damals siebzehn Jahre alt, hatte ich trotz all der Bemühungen meiner Gemeinde Sex. Außerhalb des Kamins.

Mein Freund Jeff war zwanzig und bereits verblüffend sexuell erfahren. Er liebte Frauen. Er liebte weibliche Körper, und er liebte es, ihnen Genuss zu bereiten und selbst zu empfangen. Er war ein zärtlicher, umsichtiger und sehr großzügiger Liebhaber. Und ich gehöre zu den wenigen Glücklichen, die sagen können, dass meine ersten sexuellen Erfahrungen wunderbar waren, zumal ich sie mit jemandem hatte, den ich liebte.

Jeff war kein Christ, aber er gab sich nicht mit bloß Einverständnis und Gegenseitigkeit zufrieden. Er zeigte Rücksicht und Anteilnahme. Ein paar Wochen nachdem wir uns befreundet hatten, noch bevor wir das erste Mal miteinander schliefen, ging er mit mir zur Beratungsstelle *Planned Parenthood*, um für eine verlässliche Verhütung zu sorgen.

Sex war *gut*.

Trotzdem musste ich ein Geheimnis daraus machen, denn ich konnte ja niemandem davon erzählen, weder meinen Eltern noch den anderen Jugendlichen in der Gemeinde, und meinem Pastor konnte ich mich erst recht nicht anvertrauen. Wie die meisten anderen Kinder aus christlichen Familien, die irgendwann sexuell aktiv werden, musste ich also ohne den guten Rat der Älteren meinen Weg in Sachen Sex finden, weil einfach alle älteren Leute, die ich kannte, der Vorstellung anhingen, „jeder Sex außerhalb der Ehe sei Sünde". Das Letzte aber, was ich gebrauchen konnte, war, dass jemand mir „in Liebe die Wahrheit sagte", indem er mich ermahnte, mit dem Sex aufzuhören. Doch ich brauchte keine gut gemeinte Zurechtweisung. Was ich wirklich brauchte, ebenso wie mein Gemeindeglied Cecilia, war Rat über sexuelle Beziehungen.

Der Sex machte nicht mein ganzes Leben kaputt, so wie die Gemeinde es mir vorhergesagt hatte. Ich tat niemandem weh. Auch schadete ich weder mir selbst noch Jeff. Aber die nun existierende Botschaft war klar: Für meine Sexualität und mein geistliches Leben gab es keinen Platz unter einem Dach. Also fing ich an zu flunkern, wo ich war und was ich machte, und ich verbrachte weniger Zeit in der Gemeinde.

2012 telefonierte ich mit den Organisatoren des Nationalen Jugendtreffens meiner Kirche, das im Sommer im Superdome stattfinden würde. Ich sollte dort auf der Hauptbühne sprechen. Ich sinnierte darüber, dass ich gerne eine Kristallkugel hätte, die mir die Antwort auf eine Frage liefern könnte, wie viele Geschlechtskrankheiten und ungewollte Schwangerschaften es in den letzten fünfundzwanzig Jahren infolge sexueller Kontakte zwischen Jugendlichen auf den Nationalen Jugendtreffen der *Evangelical Lutheran Church in America* (ECLA) gegeben hat.

Nun ist die ECLA eine der progressivsten Denominationen unseres Landes. Wir ordinieren Schwule und veröffentlichen Lehrmeinungen über die Sünde der Masseninhaftierung und der globalen Erderwärmung. Ich halte uns für eine Kirche, die sich der Realität unserer Zeit stellt. Insofern fragte ich: „Wäre es nicht großartig, wenn es auf unserem Jugendtreffen einen Ort gäbe, an dem Erwachsene bereitstehen, um über eine gesunde sexuelle Entwicklung zu informieren?“ Denn viele Jugendliche kommen aus Gegenden, in denen ihnen außer der Lehre über Enthaltsamkeit keine anderen Informationen zur Verfügung stehen.[30]

30 Aufklärung über Enthaltsamkeit verhindert keine Schwangerschaften bei Minderjährigen; Aufklärung über den Gebrauch von Ver-

Vielleicht war das Treffen für sie die einzige Chance, jemals die Wegweisung zu bekommen, die sie brauchten. Und ich ergänzte: „Wenn ihr den Jugendlichen unserer Kirche diese Ressourcen nicht bieten könnt, meine Gemeinde wäre gern bereit dazu ... auf unsere Kosten." Ich hielt inne, aber am anderen Ende der Leitung blieb es ziemlich still.

Klare Sache eigentlich, oder?

Die Antwort kam Wochen später.

„Wir haben darüber gesprochen. Eine Superidee, aber die Eltern wollen nichts davon wissen."

Das ging mir nicht mehr aus dem Kopf. Wovon genau wollten die Eltern nichts wissen? Von der Tatsache, dass manche ihrer Kinder sexuell aktiv waren, womit die ECLA ja nichts zu tun hatte? Oder von der Tatsache, dass die Kirche es wagen wollte, das zur Kenntnis zu nehmen und mitzuhelfen, für die Gesundheit und Sicherheit ihrer Kinder zu sorgen? Statistisch gesehen ist es unwahrscheinlich, dass Regeln gegen Hilfestellungen zu einem gesunden Umgang mit Sexualität irgendetwas dazu beitragen, Jugendliche vom Sex fernzuhalten. In einer Studie, die im Juni 2017 im *Journal of Pediatrics* veröffentlicht wurde, fanden

---

hütungsmitteln verhindert Schwangerschaften bei Minderjährigen. Eine Studie hat gezeigt, dass der verbesserte Gebrauch von Verhütungsmitteln zu 86 Prozent für den Rückgang der amerikanischen Schwangerschaften bei Jugendlichen zwischen 1995 und 2002 verantwortlich ist. Siehe J. Santelli u. a., „Explaining Recent Declines in Adolescent Pregnancy in the United States: The Contribution of Abstinence and Improved Contraceptive Use", *American Journal of Public Health* 97 (2007), S. 3.

die Forscher heraus, dass die Schwangerschaftsrate bei Jugendlichen in den Gegenden von Texas, wo Enthaltsamkeit als Bildungsziel gesetzlich vorgeschrieben ist, um 40 bis 50 Prozent höher liegt als der Landesdurchschnitt.

Ich fing also an, mich zu fragen: Was bringt uns Eltern eigentlich dazu, uns der Realität so zu verweigern? Glauben wir allen Ernstes, dass Jesus über Sex so schockiert und entsetzt war, wie es die Kirche anscheinend ist? Wirklich?

Sind wir mal ehrlich zu uns selbst, können wir sehr schnell beantworten, warum Eltern und die Kirche so versessen darauf sind, Jugendliche vom Sex fernzuhalten: Angst.

Ja, Sex bringt Gefahren mit sich.[31] Es wäre dumm, das zu bestreiten. Natürlich haben wir als Eltern Angst, unsere Kinder könnten eine Entscheidung mit dauerhaften Konsequenzen, einen Augenblick des Genusses mit lebenslanger Krankheit oder vorzeitiger Elternschaft bezahlen. Wir wollen doch selbst schon nicht, dass unseren Kindern Liebeskummer widerfährt oder dass sie mit Sex so umgehen, wie ich es in meinem Leben bisweilen

---

31 Die angesehene Sextherapeutin Esther Perel sagte in einem Interview mit Patty Olwell: „In den USA ist Sex der Risikofaktor. In Europa ist Verantwortungslosigkeit der Risikofaktor. Sex ist natürlich und gehört zur menschlichen Entwicklung. Das ist der fundamentale Unterschied in der Aufklärung, die wir bekommen. Und ich glaube, die USA könnten das besser machen" (Podcast *Therapist Uncensored*, Episode 46, „Redefining Infidelity", 38:30). Erwachsene Amerikaner, die eine ausschließlich auf Enthaltsamkeit ausgerichtete Sexualaufklärung für Kinder und Jugendliche befürworten, verhalten sich verantwortungslos.

getan habe – nämlich als Mittel gegen Einsamkeit oder um sich selbst liebenswert zu fühlen. Das alles sind berechtigte Befürchtungen.

Aber vielleicht habe ich als Elternteil auch Angst vor dem *Geheimnis* des Sex, weil ich weiß, wie mich selbst schon das Verlangen mit Haut und Haaren verschlungen hat, wie ich mich in der Verbindung mit meinem Liebhaber auf erschreckende Weise, auf eine Weise, die ich nicht steuern, geschweige denn definieren kann, selbst verloren habe. Ich kenne das Gefühl, wie sich etwas in mir löst, wenn ich meinen Liebhaber sehe. Dann erwacht etwas in mir zum Leben, was die meiste Zeit meines Erwachsenenlebens und während der meisten meiner Wachphasen durch soziale Konventionen, psychologische Schutzmechanismen und gewöhnliche Kleidung eingehegt ist. Etwas Wildes, das gleichermaßen danach verlangt zu verzehren und zu liebkosen. Sexuelles Verlangen ist eine knifflige Sache. Es bringt alles zugleich mit sich: Zerstörung wie Beharrlichkeit und Risiko. Es verwischt alle Konturen so wie ein Daumen, der über eine Kohlezeichnung fährt.

Sex kann prokreativ sein, ein Weg, um neues Leben hervorzubringen. Er kann intim sein, ein Weg für zwei Partner, ihre Liebe zueinander auszudrücken. Er kann offenbarend sein, ein Weg, auf dem wir uns selbst und einander entdecken. Er kann langweilig, überwältigend oder einfach nur bedauerlich sein. Er kann ein wunderbarer Aspekt menschlichen Gedeihens sein genauso wie ein demütigender Aspekt menschlicher Erniedrigung.

Er kann sich für uns anfühlen wie der sicherste Ort oder das gefährlichste Abenteuer. Er kann Pflicht oder Freude sein. Er kann tödlich enden. Und er kann das Leben sein.

Angesichts all dessen ist es verständlich, dass wir ihn gerne irgendwie regulieren möchten. Regeln können da natürlich eine Hilfe sein. Eine Gesellschaft muss funktionieren und Menschen können sich gegenseitig ziemlich scheußlich behandeln. Wir klauen uns gegenseitig unseren Kram und versuchen, unser Geld vor dem Staat zu verstecken, damit wir unseren Teil nicht bezahlen müssen. Wir können uns einfach nicht darauf verlassen, dass sich jeder richtig verhält. Darum haben wir Gesetze – ob sie nun vom Staat ausdrücklich erlassen sind oder ob wir sie durch gesellschaftliche Normen erspüren.

Doch ein religiöses Gesetz kann uns niemals so gut schützen, wie wir meinen. Zum Beispiel ist es selten besonders wirkungsvoll, Jugendlichen – diesen wilden, herrlichen, verrückten Wesen voller Hormone – zu sagen, sie müssten auf Sex verzichten und dürften nie an Sex denken. Selbst wenn das funktioniert, kann es unerfreuliche Konsequenzen nach sich ziehen. Denn sollten es unsere Jugendlichen tatsächlich schaffen, ihre sexuellen Reflexe und Wünsche abzuschalten, kann es ihnen wie Trent passieren, dass sie irgendwann mühsam die zerrissenen Drähte wieder verbinden müssen, weil sie sich selbst in sexueller Hinsicht fremd geworden sind.

Durch Unternehmungen wie diese wird hauptsächlich erreicht, dass wir als Erwachsene das Gefühl haben, etwas zu *tun*.

Wir bilden uns ein, die Jugendlichen zu schützen. Und Schaden von ihnen fernzuhalten. Wir denken, wir könnten sie rein halten. All das sind lobenswerte Instinkte. Aber wahrscheinlicher ist, dass wir unseren Kindern in Wirklichkeit nur unsere eigene Verkorkstheit aufbürden – unsere Furcht vor unserem eigenen Verlangen, vor dem Druck der Gruppe und den kulturellen Normen unserer religiösen Gemeinschaft. Wir engen unsere Kinder ein, indem wir ihnen die Werkzeuge und die Weisheit vorenthalten, die sie für eine gesunde sexuelle Zukunft brauchen, oder indem wir es gleich ihren gleichaltrigen Freunden oder dem Internet überlassen, ihnen Wegweisung zu geben.

1979 überreichte meine Mutter mir ein pfefferminzgrünes Buch namens *Wonderfully Made*, dessen Umschlag eine Cartoonzeichnung von vier braunhaarigen Jungen bzw. Männern auf der oberen Hälfte und vier blonden Mädchen bzw. Frauen auf der unteren zierte, aufgereiht von der jüngsten zur ältesten, von klein nach groß. Der weiße Junge hat in jedem Alter und jeder Größe einen Football unterm Arm, selbst als Mann. Nur das jüngste Mädchen hat ein Springseil; die älteren Mädchen und die erwachsene Frau sind mit leeren Händen unterwegs. Eine Parade der Geschlechternormen, die da in mein Leben hineinmarschierte mit einer für alle gleichgeschalteten Einheitsbotschaft über „Gottes Plan" für Sex und Ehe. Ich solle mich melden, wenn ich irgendwelche Fragen habe, sagte sie mir. Das war die „Aufklärung", die ich von meinen Eltern bekam.

Bei meinen eigenen Kindern wollte ich es besser machen. Doch als für mich die Zeit kam, mit meinen Kindern über Sex zu reden, hatte ich auch keine Ahnung, wie man das macht. Hier, schauen Sie selbst:

2006: Ich nehme mir vor, mit Harper „das Gespräch" zu führen.
2007: Ich nehme mir vor, mit Harper „das Gespräch" zu führen.
2008: Ich nehme mir vor, mit Harper *und* Judah „das Gespräch" zu führen.
2009: Der Vater der Kinder und ich kaufen jedem von ihnen ein Buch und sagen ihnen, sie sollen zu uns kommen, wenn sie Fragen haben.

Ich gebe zu, bei allen großen Reden, die ich jetzt hier darüber schwinge, was wir unseren Kindern alles über Sex beibringen können, war *das* alles, was ich meinen Kindern an „Aufklärung" geboten habe, als sie klein waren.

Vielleicht ging es Ihnen ähnlich, obwohl Sie es eigentlich besser machen wollten. Wenn ja, dann sind Sie nicht allein. Und vielleicht ging es Ihnen da genauso wie mir: Ich hatte Angst. Ich hatte Angst davor, verlegen zu sein und meine Kinder in Verlegenheit zu bringen. Angst davor, ihnen zu früh zu viel zu sagen.

Denn das Erwachen der Sexualität der eigenen Kinder bereitwillig anzunehmen, ist nicht leicht.

Doch als meine Kinder ins Teenageralter kamen, war ich entschlossen, es besser zu machen. Und das habe ich auch, wenigstens ein bisschen. Es war nicht einfach, aber auch nicht unmöglich.

Als Harper im zweiten Jahr auf der Highschool war, sah sie eines Tages auf der Fahrt zum Supermarkt zu mir auf und sagte: „Justin hat Kondome, Mama. Ich wollte, dass du das weißt." So nüchtern, kurz und sachlich ließ meine Tochter mich wissen, dass sie mit ihrem Freund schlief.

Ich versuchte, nicht auszuflippen. Immerhin war sie älter, als ich damals bei Jeff war.

„Darf ich am Freitag bei ihm übernachten?", fragte sie. „Seine Mutter hat nichts dagegen und sie wird auch zu Hause sein und so."[32] Harper hatte schon viel Zeit in der Familie ihres Freundes verbracht und ich vertraute ihr. Aber plötzlich entzog sich mir die fortschrittlich denkende, positiv zu Sex stehende Frau in mir, die wollte, dass Teenagern auf einer kirchlichen Jugendveranstaltung Sexualaufklärung angeboten wurde.

---

32 Ein faszinierendes Buch über den Umstand, dass die meisten Amerikaner dagegen sind, dass ihre heranwachsenden Kinder bei ihren Freunden/Freundinnen übernachten, während das bei holländischen Eltern mit demselben Bildungsstand und sozioökonomischen Status anders ist, und über die Gründe dafür ist: Amy T. Schalet, *Not Under My Roof: Parents, Teens, and the Culture of Sex* (Chicago: University of Chicago Press, 2011).

Ich brauchte eine Weile, um meiner Tochter zu antworten. So viele Gedanken musste ich sortieren. Ich dachte daran, wie sehr ich Justin mochte. Er war süß und kauzig mit seinen roten Haaren, seinen Leinensneakers, über und über bemalt mit Dinosaurierbildern, und seinem Rucksack, der aussah wie der Schild von *Captain America*. Er hatte seine liebenswerten Macken und war ein wirklich guter Junge. Und dennoch war mein erster Gedanke zu der von ihr gestellten Frage, ob sie bei ihm übernachten dürfe ... *nein*.

Aber wenn ich Nein sagte, dachte ich, würde Harper sich mir vielleicht einfach widersetzen und es trotzdem tun. Vielleicht würde sie es genauso machen, wie ich es damals gemacht hatte, und ihrem Herzen folgen statt ihrer Mutter. Und alles nur, weil ich nicht die Realität akzeptieren konnte, dass ihr Leben sich entwickelte. Wenn ich Ja sagte, dann blieben wir wenigstens im Gespräch, und ich wusste, wo sie wirklich in dieser Nacht war.

Trotzdem dachte ich: *Was ist, wenn die Leute herausfinden, dass ich meine achtzehnjährige Tochter bei ihrem Freund übernachten lasse? Das ist doch assi. Genauso gut könnte ich ihr eine Stange Zigaretten und ein halbes Dutzend Rubbellose kaufen.*

Aber das sagte ich nicht. Stattdessen schaute ich Harper an und sagte: „Mach das. Und danke, dass du mich gefragt hast."

„Wir brauchen Milch", war alles, was sie als Nächstes sagte, als wir in den Supermarkt kamen. Sie war vollkommen entspannt und zufrieden.

Ich aber fühlte mich wie ein Häufchen Elend.

Nachdem wir das Auto mit unserem Wocheneinkauf beladen hatten, fuhren wir nach Hause. Dort angekommen stellte ich den Motor ab und sah sie an. Ich wollte, dass sie von ihrer Mama mehr mit auf den Weg bekam als bloß ein grünes Licht, mehr als ein bloßes Einverständnis. Sie verdiente *Anteilnahme.*

„Ich möchte, dass dir Sex gefällt, mein Schatz", ließ ich sie so eindringlich und gleichzeitig sachlich, wie ich nur konnte, wissen. „Ich möchte, dass du dich in deinem Körper wohlfühlst und lernst, was er sich wünscht, und wie du das denen, die dich begehren, mitteilen kannst. Also fang damit jetzt an. Lern deinen Körper kennen. Sprich offen aus, was du willst und was du nicht willst. Das wird dir dein ganzes Leben lang von Nutzen sein." Während ich das sagte, kamen mir fast die Tränen, weil ich an den Teddy in unserer Küche mit den Brüsten aus zusammengeknäulten gelben Klebezetteln denken musste. Ich wünschte mir für Harper jetzt genau das, was ich mir schon damals für sie gewünscht hatte – dass sie im Umgang mit ihrem Körper geborgen, frei und unbefangen sein könnte.

Ich holte tief Luft, um meine Tränen zurückzuhalten. Sie sah mir direkt in die Augen. Keine Spur von Scham, nicht einmal Verlegenheit. Das gab mir die Kraft weiterzusprechen. „Ich möchte, dass du gute Entscheidungen triffst und die, die dich begehren, mit Liebe und Anteilnahme behandelst. Und ich hoffe, dass dein Glaube Teil deiner Sexualität ist und umgekehrt. Und weißt du, dieses Hochgefühl, das du mit Justin hast. Das ist das großartigste Gefühl auf der Welt. Aber ich möchte, dass dir klar ist, dass es dich vielleicht ebenso tief nach unten zieht, wenn es schlecht läuft oder wenn ihr euch trennt. Und das wird sich schrecklich anfühlen. Aber das bedeutet nicht, dass etwas nicht stimmt. Es mag dir ausweglos erscheinen, aber du wirst dadurch wichtige Dinge über dich selbst lernen." Ich überlegte einen Moment. „Und eine Sache noch", sagte ich dann. „Geh danach pinkeln. Ich will nicht, dass du dir eine Blasenentzündung holst."

Sie lachte und verdrehte nach typischer Teenagermanier die Augen. „Weiß ich doch!"

„Ich hab dich lieb, mein Schatz. Und ich vertraue dir."

Achtzehn Monate später, im Sommer 2018, fuhr mein Sohn Judah zum Jugendtreffen der ECLA nach Houston, wo er die Woche mit 30.000 anderen Jugendlichen verbrachte. Dort in der hell erleuchteten, hohen Ausstellungshalle, zwischen dem Stand der Welthungerhilfe, der Musikbühne, einer Gokart-Bahn und etlichen Pizzaständen stand ein unscheinbarer Tisch von einer kleinen Gemeinde aus Denver, an dem ausgebildete Sexualerzieher saßen.

Diesmal hatten sie Ja gesagt.

Die Schöpfung, Teil III

WER HAT DIR GESAGT, DASS DU NACKT BIST?

Wir wissen nicht, ob damals alle Tiere sprechen konnten oder aus irgendeinem Grund nur die Schlange. Aber die Schlange war ein raffiniertes Biest. Sie wollte mal so richtig die Kacke zum Dampfen bringen, und deshalb fädelte sie ein Intrigenspiel shakespeareschen Ausmaßes ein und beschloss, mit Eva ein Schwätzchen über Gott zu halten.

Wie in einer Schlangenprüfung im *Dschungelcamp* schlich sie sich an Eva an und sagte: „Schätzchen, du weißt doch, dass ich dich echt gern habe, oder? Also wenn das nicht so wäre, würde ich ja gar nichts sagen. Aber sag mal, hat Gott wirklich gesagt, dass ihr von einem der Bäume hier nicht essen dürft? Ich meine, hat Gott das wirklich zu euch gesagt?"

Eva antwortete: „Na ja, schon irgendwie. Ich glaube, wir dürfen von allen Bäumen essen. Gott hat nur gesagt, der da in der Mitte, von dem dürfen wir nicht essen, und – das ist irgendwie komisch – wir dürfen ihn nicht mal berühren. Sonst sterben wir."

Die Schlange sah ihre Chance. „Hör auf! Das hat Gott gesagt? Ich weiß ja, ihr seid Freunde, aber Mädel, du stirbst doch deswegen nicht. Das hat Gott bloß gesagt, weil er weiß, wenn ihr was davon esst, dann werdet ihr sein wie Gott und ihr werdet Gut und Böse unterscheiden können. Irgendwie tut mir Gott fast leid, weißt du?“

Eva sah, dass der Baum der Erkenntnis des Guten und Bösen herrlich anzusehen war und die Früchte lecker aussahen, und die Weisheit, die er versprach, erschien ihr erstrebenswert. Sie aß eine von den Früchten – und, nur damit kein Missverständnis aufkommt, ihr unglaublich passiver Mann, der nie den Hintern hochkriegt und kein Wort sagt, aß auch davon. Statt in der Freiheit, die Gott ihnen geschenkt hatte, zu leben, einfach die zu sein, die sie waren, hörten sie auf eine andere als Gottes Stimme, und sie glaubten der Schlange und tauschten das Leben gegen die Erkenntnis von Gut und Böse ein.

In dem Moment, als sie von der Frucht des Baumes der Erkenntnis des Guten und Bösen aßen, gingen ihnen die Augen auf, und die Freiheit des Lebens – die Freiheit, einfach als Gottes geschaffene Wesen bei Gott zu sein, und die es ihnen erlaubte, bei Gott zu sein, und uns die sein zu lassen, die auf Gott angewiesen sind – verschwand.

Genau in diesem Moment tauchte zum ersten Mal der Gedanke der „Nacktheit“ auf. Vorher gab es ihn nicht. Aber jetzt bedeckten die Menschen aus Scham ihren Körper. Genauso funktioniert das nämlich mit der Scham: Sie bringt uns dazu, unseren Körper zu hassen. Sie verdunkelt das Bild Gottes in uns. Sie bringt uns dazu, uns zu verstecken. Sie jagt uns Angst vor Gott ein. Sie bringt uns dazu, anderen die Schuld zu geben.

Am nächsten Tag schlenderte Gott so durch den Garten und merkte auf einmal, dass die Erdlinge nirgends zu finden waren.

Da rief Gott: „Hey Leute, wo seid ihr?“

Aber sie versteckten sich.

Bevor die Schwere des Guten und Bösen und der gesetzliche Schwachsinn, der von jeher die Religion geplagt hat, den Menschen in den Sinn und ins Herz kamen, gab es keine Scham – wir schämten uns nicht für unseren Körper, nicht für unser körperliches Verlangen, nicht dafür, wie unser Körper aussah. Es gab absolut keinen Grund, uns vor Gott zu verstecken.

Doch statt einfach bei Gott zu sein, so wie wir geschaffen waren, wollten die Menschen versuchen, *wie* Gott zu sein, und diese Scheiße hat bis heute nicht aufgehört. Wir lieben es, unsere sogenannte Erkenntnis von Gut und Böse, wer gut ist und wer böse, zu nehmen und auf uns selbst und andere anzuwenden, als wären wir Gott.

Zum allerersten Mal stellte sich die Scham in Bezug auf unseren nackten, sexuellen Körper ein. Und seither haben wir Erdlinge versucht, menschliche Sexualität zu definieren und zu kontrollieren und zu verdammen.

Scham hat einen Ursprung und der ist nicht Gott. Als Adam und Eva versuchten, Gott aus dem Weg zu gehen, fragte Gott: „Wo seid ihr?“ Und sie sagten: „Wir waren nackt und wollten uns vor dir verstecken, weil wir Angst hatten." Darauf erwiderte Gott: „Warte mal, wer hat dir gesagt, dass du nackt bist?"

Wer hat ihnen gesagt, dass sie nackt sind? Ich wette, es war die Schlange. Aus irgendeinem Grund lässt Gott uns in einer Welt leben, in der es noch andere Stimmen gibt als seine, und diese anderen Stimmen sind es, von denen die Scham ursprünglich kam.

Vielleicht versteckst du dich auch, weil du auf eine andere als Gottes Stimme gehört hast. Aber hörst du auch Gott sagen: „Warte mal. Wer hat dir gesagt, dass du nackt bist? Wer hat dir gesagt, dass du lügen musst, um akzeptiert zu werden? Wer hat dir gesagt, dein Körper sei nicht schön und liebenswert? Wer hat dir gesagt, deine Sexualität sei etwas, wofür du dich schämen müsstest? Wer hat dir das eingeredet?"

Ich wette, es war die Schlange. Und die ist eine verdammte Lügnerin.

8.
ICH RIECHE SEX UND SÜSSIGKEITEN

Im Grunde ist [Gott] ein Hedonist. All jene Fastenzeiten, Wachen und Scheiterhaufen und Kreuze sind nur eine Fassade. Oder nur wie der Schaum am Meeresufer. Draußen auf dem Meer, draußen auf seinem Meer, ist nur noch Freude und immer mehr Freude. Er macht kein Geheimnis daraus; zu seiner Rechten ist „ewige Seligkeit". Ekelhaft! ... Er ist vulgär, Wormwood. Er hat einen kleinbürgerlichen Geist. Er hat seine Welt mit Freuden angefüllt. Die Menschen können sich den ganzen Tag mit Dingen beschäftigen, die ihn nicht im Geringsten stören – Schlafen, Waschen, Essen, Trinken, Lieben, Spielen, Beten, Arbeiten. Alles muss erst verdreht werden, bevor es für uns von Nutzen ist. Wir kämpfen aus einer grausam benachteiligten Lage heraus. Nichts ist von Natur aus auf unserer Seite.

Ein Teufel zu einem anderen,
in: C. S. Lewis: *Dienstanweisung an einen Unterteufel*

Ich hatte immer ein bisschen Angst vor meiner Großmutter Helen. Sie bestand stets darauf, „Großmutter" genannt zu werden, niemals „Oma" oder „Omi". Sie war eine gute Frau, aber nicht übermäßig herzlich.

Vor Kurzem fragte ich meine große Schwester, ob ihrer Meinung nach Großmutter Helen jemals Freude erlebt habe.

„Ich denke, eine saubere Küche bereitete ihr Freude", erwiderte sie. Ich glaube, sie hat damit recht. Jeden Tag schrubbte sie nämlich mit ihren kleinen arthritischen Händen den Fußboden ihrer winzigen Küche.

Als kleines Mädchen sah ich manchmal zu, wie Großmutter einen Hocker vor ihren avocadofarbenen Kühlschrank schob und mit ihrer knorrigen Hand nach einer weißen Schachtel, die oben daraufstand, griff. Daraus holte sie etwas, das aussah wie ein Karamellbonbon, packte es aus und steckte es sich in den Mund. Ich weiß noch, wie ich mich dabei immer wieder hintergangen fühlte, weil sie mir nichts abgab. Doch wie meine Mutter mir erklärte, waren diese karamellenähnlichen Dinger keine Süßigkeiten, sondern ein Mittel zur Gewichtsabnahme.

Ayds-Diätbonbons waren in den 1970er- und frühen 1980er-Jahren Jahren ein beliebter Appetitzügler. Inzwischen sind sie vom Markt verschwunden aus naheliegenden Gründen und das nicht nur wegen der Aussprache. Wenn Sie allerdings nach „Ayds dietary candies" googeln, finden Sie immer noch die alten Werbespots mit den peinlichen Slogans wie *„Warum Diätpillen nehmen, wenn Sie Ayds genießen können?"* und: *„Mit Ayds nehmen Sie sicher und wirksam ab!"*.

Die Hauptzutat in Ayds war Benzocain, ein Lokalanästhetikum, das die Geschmacksknospen betäubt. (Das Ganze sieht nach einem Bonbon aus, schmeckt aber wie eine Zahnspülung.) Für meine Großmutter und viele Frauen ihrer Generation war die Verlockung des Zuckers, das Vergnügen an einem echten Bonbon, so sehr mit Gefahren befrachtet, dass sie lieber Bonbonimitate aßen und mit einer Dose saccharingesättigter Diätlimonade hinunterspülten.

Im Rückblick möchte ich die Angewohnheit meiner Großmutter, sich mit lokaler Betäubung um die Freude an richtigem Essen zu bringen, am liebsten als neurotische Marotte abtun, aber ich habe den Verdacht, es steckt noch mehr dahinter. Ich habe nämlich früh gelernt, dass unser Verhältnis zum Thema Freude *kompliziert* ist.

Theologisch gesehen sind wir von unserem Schöpfer mit der Fähigkeit ausgestattet worden, sowohl nach Freude zu verlangen als sie auch zu erleben. Es musste nicht so sein, aber Gott hat uns dieses Geschenk gemacht.

Denken Sie nur mal an die weibliche Klitoris, jenes magische Bündel von Nervenenden, dessen einzige biologische Funktion darin besteht, Frauen sexuellen Genuss zu verschaffen. Im Vergleich zum Penis, der quasi multitaskingfähig ausgestattet ist, ist die Klitoris buchstäblich nur zum Vergnügen da.

Oder nehmen Sie unsere Geschmacksknospen. Sie schenken uns eine wahre Genussexplosion, sobald wir in ein Stück Schokoladenkuchen beißen – und das ist ein Geschenk von Gott.

„Er hat seine Welt mit Freuden angefüllt", wie der Dämon aus C. S. Lewis' *Dienstanweisung für einen Unterteufel* sagt. Und mit dem Sex verhält es sich genauso wie mit dem Schokoladenkuchen.

Sam und ich tranken an einem späten Vormittag Kaffee im *Hooked on Colfax*, und er erzählte mir von den Botschaften, die er während seiner Jugendzeit empfangen hatte. Jeden Mittwochabend hatte sich Sams Jugendgruppe in einer verdunkelten Turnhalle getroffen, die mit Dekostoffen, einer professionellen Soundanlage und einer Lightshow wie ein Rockkonzert aufgemotzt war. Ein dünner, gut aussehender Jugendpastor hielt ihnen dann einen Vortrag über das Übel von Sex, Drogen und Alkohol.

Im Matthäusevangelium sagt Jesus: *„Ihr habt gehört, dass gesagt ist: ‚Du sollst nicht ehebrechen.' Ich aber sage euch: Wer eine Frau ansieht, sie zu begehren, der hat schon mit ihr die Ehe gebrochen in seinem Herzen"* (5,27–28). Das war einer der Lieblingsverse von Sams Jugendpastoren. Sie schärften damit den Jugendlichen ein, an Sex nicht einmal zu denken. Ihre Logik war nämlich: Wenn eine Frau lüstern anzuschauen genauso schlimm war, wie Ehebruch zu begehen, dann ist schon das Denken an Sex eine Sünde.

„Das Komische war", sagte mir Sam, „dass sie sich keine Sorgen um Vergewaltigungen, sexuelle Belästigungen oder auch nur um entwürdigenden Umgang mit Menschen machten. Ihnen ging es nur um ‚unreine Gedanken' und die Lust."

Meiner Meinung nach tun sich hier zwei Problemfelder auf: Erstens sind da Teenager, deren Körper so geschaffen sind, dass sie sich sexuell entwickeln, und zweitens steht das griechische Wort für Lust, *epithymia*, ganz allgemein für Verlangen und nicht für das Denken sexueller Gedanken. Wäre *epithymia* ein Ausdruck für sexuelles Verlangen, so würde sich manch andere Äußerung von Jesus superschräg anhören. Zum Beispiel in Lukas 22,15: *„Und er sprach zu ihnen: Ich hatte sexuelle Gedanken darüber, dies Passalamm mit euch zu essen, ehe ich leide."*

Wie Sam hatte man mir als Kind beigebracht, dass die Zehn Gebote - und eigentlich alle Regeln in der Bibel, neben einigen, die die Kirche sich einfach ausgedacht hat - da waren, weil Gott uns liebt und möchte, dass wir glücklich sind.

Auf dem lutherischen theologischen Seminar dagegen lernte ich, dass die Zehn Gebote eher damit zu tun haben, dass Gott unsere Nächsten liebt und sie vor uns beschützen möchte. Als Martin Luther uns mit seinen Erklärungen verwehrte, *Du sollst nicht töten* als sanftes Ruhekissen mitten in den Zehn Geboten zu gebrauchen, folgte er damit nur dem Beispiel Jesu. An dieser Stelle im Matthäusevangelium sagt Jesus nämlich, dass wir *Du sollst nicht ehebrechen* nicht einfach damit abhaken können, dass wir uns nicht mit jemand anderem als unserem Ehepartner in den Laken wälzen.[33] Er sagt vielmehr aufs Neue: „Liebe deinen

---

33 Wenn Sie mehr über die Ursachen von Untreue wissen wollen, empfehle ich die Lektüre von Esther Perels Buch *The State of Affairs: Rethinking Infidelity* (New York: HarperCollins, 2017).

Nächsten. Menschen sind keine Gegenstände. Fügen wir uns also gegenseitig keine Verletzungen zu."

Sam jedoch saß oft in der als Low-Budget-Popkonzert getarnten Turnhalle und hatte sich dort die Warnungen vor sexuellen Gedanken und Fantasien angehört. Besonders Pornografie wurde verdammt mit Ermahnungen wie: „Gott weiß, welche Webseiten du im Dunkeln besuchst."

„Da war immer diese Andeutung: ‚Wenn du an deinem sündigen Verhalten festhältst [indem du dir Pornos reinziehst], dann bist du kein richtiger Christ'", erklärte er mir. „All diese Botschaften zusammen überzeugten mich letztlich, dass mein Glaube nicht wahr und aufrichtig sei, weil ich eben mit meinem sexuellen Verlangen zu ‚kämpfen' hatte."

Ich möchte Ihnen an dieser Stelle sagen: Sofern Ihr sexuelles Verlangen nicht auf Minderjährige oder Tiere abzielt und Ihr sexuelles Verhalten Ihnen oder denen, die Sie lieben, nicht schadet, dann ist dieses Verlangen nichts, womit Sie „kämpfen" müssten. Sie sollten ihm vielmehr zuhören, gut darüber entscheiden, es entdecken, vielleicht eben auf vorsichtige Art und Weise. Aber damit kämpfen? Oder gar dagegen? Es sich zum Feind machen? – Nein.

Ähnlich wie Trent riegelte auch Sam einen Bereich in seinem Innern ab, um Gott zu gefallen. Er kappte die Verbindung zu seinem Körper und seinem Verlangen und das Ganze ging nach hinten los. Denn irgendwann fiel es Sam schwer, sich selbst wahrzunehmen und zu spüren, seine Gefühle auszudrücken und bei denen, die ihm am nächsten kamen, damit Gehör zu finden. Und da ihm diese lebenswichtigen, intimen Erfahrungen fehlten, versuchte er seinen Schmerz durch Pornografie zu betäuben.

Heute bezeichnet sich Sam selbst als pornosüchtig.

In meiner seelsorgerlichen Arbeit ist mir der Verdacht gekommen, dass je mehr ein Mensch religiösen Botschaften ausgesetzt war, er müsse sein Verlangen im Zaum halten, sexuelle Gedanken meiden und keine Lust in seinem Herzen zulassen, desto unwahrscheinlicher ist es, dass er sein körperliches, emotionales, sexuelles und geistliches Wesen als Ganzes erlebt.

Mir ist auch aufgefallen, dass Menschen stärker dazu neigen, Pornografie zu konsumieren, je mehr Brüche sie zwischen ihrer körperlichen, emotionalen, sexuellen und geistlichen Seite spüren. Das ist meine Erfahrung, kein wissenschaftliches Ergebnis.[34]

34 Es gibt allerdings wissenschaftliche Untersuchungen, die zeigen, wie wichtig es für die Entwicklung Jugendlicher ist, sie ihren sexuellen Weg selbst finden zu lassen: „Beginnend mit der Pubertät bilden die entwicklungsbedingten Veränderungen in den neuronalen Strukturen im Gehirn, in denen Motivationen, Belohnungen und soziale Emotionen verarbeitet werden, wahrscheinlich einen einzigartigen Wendepunkt, nach dem romantische Liebe und sexuelle Erregung als positive Belohnungen erlebt werden. Ein vorrangiges Ziel für Jugendliche ist es zu lernen, sich auf romantische und sexuelle Beziehungen einzulassen und darin zurechtzufinden. Darüber hinaus haben diese ersten romantischen Beziehungen wichtige Implikationen für die Identitätsentwicklung, das Erlernen sexuellen Verhaltens und den Verlauf zukünftiger Beziehungen. Eltern, Ärzte und Pädagogen können in diesem Bereich relevante Lernmöglichkeiten bieten, doch zugleich findet der größte Teil des relevanten Lernens

Dennoch möchte ich den konservativen Christen gratulieren zu ihrer erfolgreichen Unterstützung einer Industrie, die sie zu verabscheuen vorgeben.

Vielleicht würde etwas Ähnliches passieren, wenn wir mit unseren Kindern immer wieder auf diese Weise über Schokolade reden würden: „Schokolade ist etwas Köstliches, und Gott hat Schokolade gemacht, damit wir sie genießen, aber wir können sie erst gefahrlos essen, wenn wir den einen Menschen gefunden haben, den Gott uns zugedacht hat, damit wir mit ihm gemeinsam die Schokolade genießen. Bis dahin will Gott, dass ihr die Versuchung meidet und euer Verlangen nach der leckeren Schokolade im Zaum haltet. Der Teufel wird mit allen Tricks versuchen, euch zu überzeugen, wie lecker Schokolade ist. Deshalb schaut euch bloß keine Filme an, in denen Leute Schokolade essen. Und gebt acht ihr Mädels: Die Jungs haben mehr Lust auf Schokolade als ihr, also zieht euch keine Blusen an, die Jungs auf Schoko-Gedanken bringen. Schokolade ist gefährlich. Köstlich, aber gefährlich. *Denkt* nicht einmal daran."

Ich würde meine Altersversorgung darauf wetten, dass, wenn wir das täten, die Kids überall nur noch im Sinn hätten, wo sie Schokolade herbekommen. Sie würden sich gefälschte Onlineprofile zulegen und im Internet Schokolade bestellen. Sie

---

durch persönliche Erfahrung statt." A. B. Suleiman u. a., „Becoming a Sexual Being: The ‚Elephant in the Room' of Adolescent Brain Development", *Developmental Cognitive Neuroscience* 25 (2017), S. 209–20.

würden sich nahezu zwanghaft Videos von Leuten anschauen, die sich auf immer gierigere Weise über Schokolade hermachen. Ihren Hunger auf richtiges Essen würden sie bald gar nicht mehr spüren. Sie würden sich mit der billigsten Schokolade vollstopfen, die sie finden können. Entweder das oder sie würden ihre Fähigkeit ersticken, selbst zu wissen, ob sie überhaupt Schokolade wollen, wie sie darum bitten können oder in welcher Form Schokolade zu ihnen passt.

Dass unser Körper dazu geschaffen ist, Lust zu empfinden, ist nicht verkehrt. Auch nicht dass unser Körper durch sexuelle Geschichten und Bilder stimuliert wird. Das ist eine empathische Reaktion. Und genauso, wie Menschen seit Anbeginn der Zeit Süßes gegessen haben, haben wir auch erotische Abbildungen geschaffen, nachdem wir gelernt hatten, sie auf Höhlenwände zu kratzen.

Anders war bis vor einer Generation allerdings, dass es damals solche Dinge wie Süßigkeiten, die Kinder überall zugesteckt bekommen, und Internet-Pornokanäle noch nicht gab. Sowohl die Süßigkeiten als auch der Sex, die uns heute überall und rund um die Uhr zur Verfügung stehen, sind leichter zu beschaffen als alles, was diesbezüglich die Generationen vor uns sich je hätten vorstellen können. Und ich frage mich, ob der Preis dafür nicht einen *Verlust* statt ein Überangebot an Freude bedeutet.

Empfinden wir denn wirklich noch Freude am Körper unseres nicht mehr ganz so knackigen Ehepartners, nachdem wir uns im Internet zwei Stunden lang Pornos mit unerreichbar formvollendeten, haarlosen jugendlichen Darstellern angeschaut haben? Oder anders gefragt: Wie vermögen wir, die Süße eines Apfels wertzuschätzen, wenn wir uns vorher zig Dosen Energydrinks reingezogen haben?[35]

Alain de Botton, der atheistische Philosoph, den ich schon einmal erwähnt habe, hat Überzeugendes dazu geschrieben:

„Ein Gehirn, das ursprünglich darauf angelegt war, mit keiner größeren Versuchung fertigwerden zu müssen als dem gelegentlichen Anblick eines Stammesangehörigen quer über die Savanne, ist hilflos gegenüber dem, was ihm jetzt auf Tastendruck vorgesetzt wird, und wenn es mit Angeboten konfrontiert wird, ständig in Szenarien einzutauchen, die alles übertreffen, was das kranke Hirn des Marquis de Sade je hätte erträumen können. Unsere psychische Beschaffenheit ist nicht robust genug, um die Entwicklungen angesichts unserer technischen Fähigkeiten wettzumachen.“[36]

Im Zeitalter des Fruktosesirups und der Internetpornografie frage ich mich also manchmal, ob wir die Fähigkeit verloren haben, Freude und Lust so zu verstehen, wie wir sie zu erleben geschaffen sind.

Eines aber weiß ich über die Liste, die der große C. S. Lewis einer seiner Figuren in den Mund gelegt hat („Schlafen,

---

35 Ein Thema, dem sich an anderer Stelle einmal nachzugehen lohnen würde, ist der finanzielle Aspekt sowohl bei der Pornografie als auch beim Zucker. Wer verdient eigentlich Geld mit diesen beiden Dingen, und auf welche Weise werden wir als Verbraucher bei beidem zu zwanghaftem Konsum manipuliert?

36 Alain de Botton, „Why Most Men Aren't Man Enough to Handle Web Porn“, Speakeasy Blog, *Wall Street Journal*, 26. Dezember 2012.

Waschen, Essen, Trinken, Lieben, Spielen, Beten, Arbeiten"): All diese Tätigkeiten sind moralisch neutral. Nur wenn man sie übertreibt, könnten sie auch schädlich sein. Doch im Grunde beschert uns jede von ihnen Freude. Zu viel Schlaf und Ihr Leben gerät aus den Fugen; zu wenig und Sie schaffen nichts mehr. Zu viel Waschen und Sie handeln sich eine Zwangsneurose und wunde Haut ein; zu wenig und Sie stinken. Zu viel Beten und Sie vergessen, selbst aktiv zu werden; zu wenig und Sie vergessen, dass es eine größere Macht gibt als Sie selbst. Zu viel Lieben und Sie werden womöglich wunde Stellen haben; zu wenig und ... was?[37]

Wie also finden wir als Menschen uns mit unserer zweifachen Natur (als Sünder und zugleich Heilige) in einer Welt voller Freuden zurecht, wenn wir so leicht in puncto Enthaltsamkeit und Maßlosigkeit vom Pferd fallen? Nun, vielleicht sollten wir einmal über unser theologisches Verständnis von Freude nachdenken. Denn ich glaube nicht, dass Gott darüber wacht, wie gut es uns gelingt, sich von den Freuden des Lebens fernzuhalten. Sich sexuell freizügige Bilder anzuschauen, muss nicht schädlich sein, genauso wenig, wie es schädlich sein muss, ein Stück

37 Zahlt man einen Preis für zu wenig Sex? Manche Leute schon. Aber mit Einschränkungen. Manche Leute sind tatsächlich asexuell und haben kein Bedürfnis nach genitaler Berührung, und doch sind sie immer noch sexuelle Personen, die Lust und Bindung auf andere Weise erleben können und es auch tun. Außerdem gibt es Leute, die sich für den Zölibat entscheiden und ihn tatsächlich als Gabe betrachten.

Kuchen zu essen.[38] Aber beides *kann* schädlich werden, und das kann sich ganz verschieden ausdrücken, je nach dem, wie wir persönlich gestrickt sind: unser Typ, unsere Herkunft, unsere Beziehungen.

Ich weiß nicht, wieso manche Leute ein halbes Glas Bier trinken und dann genug haben. Seit sechsundzwanzig Jahren bin ich trocken und doch ertappe ich mich selbst dabei, wie ich auf den verbliebenen Rest in ihren Gläsern starre und mich frage, wie ein Mensch nur so dumm sein kann. Ich an ihrer Stelle hätte nie auch nur einen Tropfen übrig gelassen. Schon oft habe ich daran gedacht, mir das restliche Bier zu schnappen und es seiner Bestimmung zukommen zu lassen.

Würde ich aber diesen Rest Bier trinken, so würde sich in mir ein kleiner Schalter umlegen. Ohne Rücksicht auf Verluste, obwohl ich es noch so gut weiß, würde das Ganze dann kein gutes Ende nehmen. Ich würde einfach weitertrinken, wahrscheinlich bis zur Bewusstlosigkeit. Ich weiß auch nicht, warum ich vier Pommes frites essen und dann aufhören kann und meine Freundin Sophie nicht. Genauso ist es mit Videospielen. Und Sport. Und Nägelkauen.

Manche gönnen sich einmal im Monat ein Stück Schokola-

38 Einige meiner Gemeindeglieder haben mir offenbart, dass das Anschauen von Pornografie ihnen sogar bei ihrem Selbstfindungsprozess geholfen hat. Es machte sie neugierig auf sich selbst. Sie fragten sich, warum fühlen sie sich von manchen Bildern stimuliert, von anderen nicht? Und wie können sie sich dieses Wissen in ihrer sexuellen Beziehung zu ihrer Partnerin oder ihrem Partner zunutze machen?

denkuchen, kosten den Genuss voll aus und kehren dann sofort wieder zu ihrer ausgewogenen Ernährung zurück. Wenn Sie aber merken, dass sich bei Ihnen, wenn Sie Schokoladenkuchen essen, ein innerer Schalter umlegt und Sie keinen Geschmack mehr an irgendetwas anderem finden, sodass Sie nur noch nach Kuchen Verlangen haben, dann ist Kuchen vielleicht nichts für Sie. Trotzdem werde ich jetzt nicht sagen, niemand sollte mehr Kuchen essen, weil man sich damit das Leben kaputt macht, genau wie ich nie sagen würde, niemand sollte mehr etwas trinken, nur weil der Alkohol mein Leben zerstört hat. Oder niemand sollte sich je erotische Bilder anschauen, nur weil bei Sam ein destruktives Verhalten damit verbunden ist.

Es ist gut möglich, dass der Konsum von Pornografie Probleme mit sich bringt. Der Sexualpartner kann sich betrogen fühlen, und es kann zu zwanghaften Verhaltensweisen kommen, die ein gesundes Sexleben beeinträchtigen.[39] (Ganz zu schweigen davon, dass eine Unterstützung der Pornoindustrie ernsthafte Fragen zu Einvernehmlichkeit, Menschenwürde und Gerechtigkeit aufwirft.) Doch es gibt Leute, die sich Pornos anschauen können und trotzdem eine aufrichtige, intime Verbindung zu ihrem Partner haben; für sie stellt das gemeinsame

39 Um eine andere Perspektive auf die Auswirkungen der Pornografie kennenzulernen, siehe Pamela Paul, *Pornified: How Pornography Is Transforming Our Lives, Our Relationships, and Our Families* (New York: Times Books, 2005).

Anschauen keinen Bruch in ihrer Beziehung dar. Davon habe ich in meiner Gemeinde schon gehört. Andere hingegen müssen einen weiten Bogen um Pornografisches machen. Bei ihnen reichen schon ein paar Augenblicke, und sie können nicht mehr aufhören. Egal, welche guten Gründe sie dann heraufbeschwören, um sich wieder unter Kontrolle zu bringen, ihre Zwanghaftigkeit löst eine Unsicherheit bei ihrem Partner aus und stört die Intimität in ihrer Beziehung. Auch davon habe ich schon in meiner Gemeinde gehört.

Ich habe dazu keine Antworten. Nur dass ich mich an der billigen moralischen Entrüstung über Pornografie, sei es von liberaler oder von konservativer Seite, nicht beteilige. Nicht, während der Konsum von Pornografie so allgegenwärtig verbreitet ist. Ich vermute, dass ein Mengendiagramm der Gruppe derer, die Abscheu über Pornografie äußern (sei es aufgrund von Gerechtigkeit oder Sexualmoral), und der Gruppe derer, die heimlich Pornografie anschauen, eine erhebliche Schnittmenge aufweisen würde.

Es ist ein Furcht einflößendes, einsames Geschäft, das eine zu sagen und das andere zu tun, und als Pastorin habe ich kein Interesse daran, die Scham zu vergrößern, die viele Menschen wegen Pornografie ohnehin schon empfinden, besonders diejenigen, die meinen, sie müssten es „besser wissen". Ich glaube, wir tun gut daran, hier eine Ethik der Anteilnahme anzuwenden, indem wir den potenziellen Schaden benennen, ohne das Verhalten ganz und gar an den Pranger zu stellen.

Letztlich geht es darum: Das alles erfordert unsere *Aufmerksamkeit.* Wertet eine Sache mein Leben und meine Beziehungen auf, oder nimmt sie Besitz von ihnen? Ist mein Verhalten zwanghaft? Wenn ich oder mein Partner sich diesem Vergnügen hingibt, bringt das mich oder meinen Partner tiefer in den Augenblick, in das Heilige, in unseren Körper, oder hält es einen von uns oder gar uns beide von diesen Dingen ab?

Ich bin überzeugt, dass unsere Fähigkeit, Lust und Freude in kulinarischer wie sexueller Hinsicht zu empfinden, ein Geschenk von Gott ist. Aber mir ist auch klar, wie heikel diese Geschenke sind und wie leicht sie manchmal zu verdrehen sind, wie Screwtape sagen würde – *verdreht zu gefährlichen Dingen, denen wir aus dem Weg gehen wollen* (weshalb wir dann benzocainhaltige „Diätbonbons" essen und versuchen, sexuelle Gedanken nicht einmal zu haben), oder zu Betäubungsmitteln, mit denen wir uns hemmungslos vollstopfen (weshalb wir dann unter Scham eine ganze Käsetorte verputzen oder *Eis am Stiel* streamen).

Als Pastorin mache ich mir Sorgen um den Selbsthass, den Sam mir geschildert hat, und ich frage mich, wie wir es anstellen können, unsere sexuelle Lust in Ehren zu halten als etwas, das uns tiefer mit uns selbst, mit anderen und mit Gott verbinden kann, und gleichzeitig dennoch die Wahrheit darüber zu sagen, wie unsere Verhaltensweisen in Sachen Sex auch das Gegenteil bewirken können. Vielleicht könnten wir uns als Erstes daran erinnern, was der Apostel Paulus im ersten Korintherbrief schrieb: dass alles erlaubt ist, aber nicht alles zum Guten dient.

Zunächst einmal glaube ich, dass die Kirche ein Ort sein könnte, der unerschrocken zu einer gesunden Auseinandersetzung anleitet und ermutigt, was Erotik im besten Sinne eigentlich ist. Erotik als etwas, das unser Inneres öffnet und unsere Schutzschicht abschält. Denn in uns steckt wie in einer Zitrusfrucht ein saftiger, köstlicher Innenteil, der vertrocknen würde, wenn er immer offen läge. Erotik legt diesen aber frei. Die Schale hat ihre Berechtigung. Es ist nichts Falsches daran. Ich kann mich nicht durch die Welt bewegen, ohne die zartesten, verletzlichsten Teile von mir zu schützen. Aber Erotik kann die Art und Weise sein, wie der Duft am Hals einer geliebten Person etwas in uns aufschließt, wie ein Daumennagel, der sich in die Schale einer Mandarine gräbt und den ersten Zugang ins Innere eröffnet. Das rauschende Blut in unseren Venen wird eins mit unserem Verlangen, und selbst unser Atem verändert sich. Die Erotik legt unsere komplexe Oberflächenschichten frei: Psyche, Herz, Körper, Verlangen, Schönheit.

Jesus wurde, wie wir wissen, der Vorwurf gemacht, ein Säufer und Fresser zu sein, ein Freund von Prostituierten und Zöllnern. Sein erstes Wunder bestand darin, bei einem Fest, an dem er teilnahm, für Weinnachschub zu sorgen. Jesus hatte also keine Angst vor Genuss. Aber er fastete auch einmal vierzig Tage lang in der Wüste und zog sich oft auf einen Berg zurück, um allein zu beten. In seinem Leben hatten sowohl Feste als auch Fastenzeiten ihren Platz.

Hinsichtlich Lust und Freude wäre es an dieser Stelle vielleicht naheliegend, in allen Dingen zur Balance zu raten. Aber ich selbst bin nicht gut im Maßhalten. Ich mache nie etwas nur ein *bisschen*. Meine Freundin Heather zieht mich immer damit auf, dass es bei mir nur zwei Geschwindigkeiten gibt: vorwärts und stopp. Insofern schlage ich besser keine neue Form der Balance vor.

Einmal saß ich im Büro meiner Seelsorgerin Jane und beklagte mich bei ihr, ich hätte das Gefühl, dass diese ganze Sache mit der Balance – dass wir in der Lage sein sollen, alles leisten und schaffen zu können, wenn wir nur das Gleichgewicht halten – nur wieder so eine bescheuerte Pop-Spiritualität sei, die die Gesellschaft sich ausgedacht habe, um dafür zu sorgen, dass ich mich mies fühle.

„Kann sein", sagte sie geduldig wie immer. „Vielleicht ist ‚Rhythmus' ein besseres Wort dafür." Dabei klopfte sich Jane mit der Handfläche in einer sanften Taktfolge aufs Knie. „Kannst du für dich zu einem regelmäßigen Rhythmus zwischen *vorwärts* und *stopp* finden?"

Vielleicht wäre das eine Idee. Vielleicht ist Rhythmus, nicht Balance, der Schlüssel, um weder auf der Zu-viel- noch auf der Zu-wenig-Seite vom Pferd des Genusses zu fallen. Vielleicht öffnet sich so auch ein Tor für Gnade. Indem wir uns etwas Zeit an jedem Ort erlauben, statt ständig darüber zu wachen, ob wir auch richtig Maß halten. Also, ein Rhythmus aus Festen und Fasten. Aus Genuss und Verzicht. Fastenzeit und Ostern. Basierend auf der Wahrnehmung, wer wir sind, wie wir gestrickt sind, was wir bewältigen können und was nicht, was uns schadet und was uns Freude bereitet. Der *wahre* Genuss, den wir dann zum Beispiel erleben, wenn wir in eine Süßspeise beißen, nachdem wir ein paar Tage lang abstinent von allem Süßen waren, oder die spannungsgeladene Vorfreude, wenn wir der geliebten Person, die wir begehren, das T-Shirt ausziehen, nachdem wir sie ein paar Tage lang nicht nackt gesehen haben.

Wie Liebende, die zu viel nach dem Himmel trachten,
vergisst die hoffnungslose Unersättlichkeit,
wie Leidenschaft Gelüste schwellen lässt,
die feistes Schwelgen nur betäubt.[40]

Rhythmus. Darum geht's. Einen Rhythmus zu finden, den ich halten, zu dem ich tanzen, zu dem ich leben kann, frei nach dem Buch des Predigers:

---

40 *Like lovers seeking heaven in excess,*
the hopelessly insatiable forget
how passion sharpens appetites
that gross indulgence numbs.
Samuel Hazo, „The Necessary Brevity of Pleasures", in *A Flight to Elsewhere* (Pittsburgh, PA: Autumn House, 2005).

- Arbeit hat ihre Zeit,
- Sex hat seine Zeit,
- Dienen hat seine Zeit,
- Kuchen hat seine Zeit.

Ich weiß nicht, ob Großmutter Helen sich selbst einen Lebensrhythmus gegönnt hat, in dem Freude ohne Scham in die Synkopen zwischen den Taktschlägen der Familie, der Arbeit, des Glaubens und der Pflege einer schön sauberen Küche fallen konnte. Ich hoffe es.[41] Aber wenn nicht, dann ist meine Hoffnung, dass im Himmel Jesus – den Großmutter Helen von ganzem Herzen liebte – sie persönlich mit Schokoladenkuchen füttert und dass sie sich endlich an echten Süßigkeiten ergötzt, bestenfalls während sie zu den Rhythmen von Marvin Gaye auf den Füßen wippt und die Hüften schwingt. Und dass weit und breit kein bonbonförmiges lokales Betäubungsmittel zu finden ist.

41 Eines weiß ich genau: Mit der Freude am Essen mag sie gekämpft haben, aber sie und Opa waren ordentlich ineinander verschossen.

Die Schöpfung, Teil IV

DAS FLEISCH WURDE WORT

Am Anfang war Christus, der als Jesus von Nazareth auf der Erde lebte, das fleischgewordene Wort, geboren von einer unscheinbaren jungen Frau unter nicht gerade vielversprechenden Umständen.

Am Anfang war das fleischgewordene Wort Gottes, das einen ziemlich zwielichtigen Umgang pflegte, und zwar mit verschwitzten Fernfahrern, schmierigen Hedgefonds-Managern, angsterfüllten Sexarbeiterinnen, ehrgeizigen Theologieprofessoren, langweiligen und unscheinbaren Leuten, Säufernasen.

Am Anfang wurde das Wort geboren und verkehrte mit interessanten Leuten und sagte total verwirrende Sachen, die wir bis zum heutigen Tag noch nicht richtig begriffen haben:

„Viele, die die Ersten sind, werden die Letzten und die Letzten werden die Ersten sein."

„Wer sein Leben erhalten will, der wird's verlieren; und wer sein Leben verliert um meinetwillen, der wird's finden."

„Selig sind, die da geistlich arm sind."

„Liebt eure Feinde."

„Bittet für die, die euch verfolgen."

Und dann auch noch das: „Deine Sünden sind dir vergeben."

Am Anfang war das fleischgewordene Wort, das lebendige Wasser, das mit interessanten Leuten verkehrte und manches lehrte, was gegen den Strich ging, und das die Vergebung der Sünden predigte und auch Kranke heilte und Tote auferweckte und Hungernden zu essen gab. Und das war mehr, als wir ertragen konnten, sodass wir ihn verrieten und verleugneten und anklagten und auspeitschten und kreuzigten. Und immer noch sprach dieses fleischgewordene Wort Gottes nur von Vergebung.

Das Wort wurde Fleisch und zog in den Körper einer Menschenfrau ein. Es wurde Fleisch und wusch Menschen die Füße, roch kostbares Parfüm und kostete vom Wein.

Als Jesus einen Blinden heilen wollte, benutzte er keine guten Schwingungen oder schickte positive Energie, sondern er benutzte Speichel und Staub. Ganz echte, salzige Tränen liefen Jesus übers Gesicht, als er den Gestank des Todes an Lazarus roch, den er seinen Freund nannte.

Der Tod konnte die heilige, reine Liebe Gottes nicht festhalten, und am dritten Tag besiegte Christus den Tod und stand von den Toten auf und nahm sich dann noch ein bisschen Zeit, um seine Freunde zu erschrecken und noch ein paarmal etwas Gutes zu essen, bevor er zurück zu seinem Vater auffuhr.

Das Wort wurde Fleisch und wohnte unter uns, und uns wurde Gnade um Gnade geschenkt, damit wir Kinder Gottes werden. Und indem ihr das tut, liebes Volk Gottes, seid *ihr* nun das Wort gewordene Fleisch.

9. DIE LETZTE UNRUHE

Als Michael am Sonntag mit schwarz markierten Kreisen auf seinen Handrücken und in seinen Armbeugen zum Gottesdienst erschien, wusste ich sofort, warum: Es ging ums Überleben. Er hatte diesen Trick beim Erste-Hilfe-Training für seinen Job als Wanderführer in der Wildnis gelernt. Würden er und sein Notfallteam zur Rettung eines verletzten Kindes herbeigerufen, mussten sie darauf achten, ob am Körper des Kindes irgendwelche Blutergüsse oder Verfärbungen zu sehen waren. Wenn ja, sind diese Hämatome mit einem Stift zu umranden, um die Größe der Umrisse festzuhalten, sodass sie später sehen könnten, ob die Stelle sich vergrößerte oder verkleinerte. Also, heilte die Stelle ab oder wurde die Verletzung schlimmer?

Michael selbst hatte an dem Wochenende, als ich ihn in der Kirche sah, keinen Unfall in der Wildnis erlitten. Er war zur Entgiftung gewesen. Und nun waren Kreise um die blauen Flecke gezeichnet, die sein dünner, dreißigjähriger Körper wieder einmal von einer Infusion davongetragen hatte – wieder einmal von einer medizinischen Maßnahme gegen seine Depressionen und Alkoholabhängigkeit. Durch die zurückgehenden Ränder der blutunterlaufenen Stellen wollte er sich selbst daran erinnern, dass er auf dem Weg der Heilung war und nicht noch kränker wurde.

Alles, was uns widerfährt, geschieht auch unserem Körper. Jeder Akt der Liebe, jede Beleidigung, jeder genussvolle Moment, jede Interaktion mit anderen Menschen. Jedes hasserfüllte Wort, das wir gesagt haben oder das zu uns gesagt wurde, wirkt sich auf unseren Körper aus. Jede Freundlichkeit, jede Traurigkeit. Jedes einzelne Lachen. All das tragen wir mit uns, in uns drin. Wir sind quasi wandelnde Verkörperungen unserer kompletten Geschichte.

Michaels Grundschule befand sich in einer Kirche, sodass jedes Klassenzimmer zugleich ein Sonntagsschulraum war. An den Wänden hingen daher Bibelverse neben Regeln für die Schreibschrift, und neben fröhlich-bunten Alphabetpostern zeigten Gemälde einen traurigen, enttäuschten Jesus.

In der vierten Klasse wurden Michael und alle anderen Jungen aus seiner Klasse in einen dieser Räume geführt, um „aufgeklärt“ zu werden. Dort stand dann vor dem Bild mit dem traurigen Jesus Coach Anderson, der jedem der Jungen ein Stück Kreide und eine aufregende, aber auch beängstigende Erlaubnis gab: Sie durften mit dieser Kreide jedes beliebige Schimpfwort vorn an die Tafel schreiben. Als ob sie ihre Flegeljahre in fünf Minuten absolvieren müssten, schrieben sie die schlimmsten, sündigsten Wörter an, die ihnen einfielen. Zuerst etwas scheu, als ob sie eine Falle witterten, dann aber mit wachsender Begeisterung, als wäre es ein Triumph.

Anschließend durfte jeder Junge seine Hand heben und ein verbotenes Wort laut aussprechen. Coach Anderson erklärte dann, was das Wort bedeutete und welche Sünde damit zu tun hatte. Irgendwann kam die Sprache auf sexuell übertragbare Krankheiten – vor allem HIV, welche Coach Anderson als die „Schwulenkrankheit“ bezeichnete.

Als Michaels Mutter ihn von der Schule abholte, fragte sie ihn, was er an diesem Tag gelernt habe. Er räumte einen Haufen Fast-Food-Verpackungen vom Autositz und stieg ein, ohne sie anzuschauen. Dass sie etwas über eine „Schwulenkrankheit“ gelernt hatten, konnte er ihr nicht sagen. Er selbst hatte keinen Namen für diese Andersartigkeit, aber er wusste, dass seine Andersartigkeit schlecht war, und irgendwie wusste er auch, dass sie etwas mit seinem Körper zu tun hatte. Und er wusste, dass er dafür bestraft werden konnte. Käme diese Wahrheit ans Licht, würde sie alles um ihn verändern, und dann würde er diese Puzzleteile seines tatsächlichen Lebens nicht mehr umlegen können, um ein anderes Bild abzugeben. Niemand durfte wissen, wer er wirklich war und was ihn von den anderen Jungen unterschied. Er versuchte, diese Wahrheit so tief wie möglich zu vergraben.

Michael begann früh damit, seinen Körper zu beobachten, wie er sich bewegte. Und er verglich sich mit anderen: Wie standen die anderen Jungen von ihren Pulten auf? Ließ er seine Arme an den Seiten frei schwingen? Er lernte, sich so zu bewegen, dass seine queere Art unerkannt blieb. Jegliche körperlichen Anzeichen für seine Andersartigkeit zu verbergen, war für ihn der Schlüssel zum Überleben. Und zugleich war es die Quelle seiner Wunden, die er nicht mit einem Markierstift umranden konnte. Der Wunden, von denen Narben zurückblieben.

Mit Narben kenne ich mich ein bisschen aus. Ich habe welche im Gesicht von den Operationen, mit denen meine hervortretenden Augen korrigiert wurden, ein Symptom meines Morbus Basedow. Dann habe ich eine am rechten Knie, eine Folge der fatalen Idee, es sei „cool", betrunken mit meinem Motorrad über vereiste Straßen zu fahren. Und dann ist da noch eine an meinem Hinterkopf, die daher stammt, dass ich mich einmal aufs Geländer gesetzt habe und rückwärts die Treppe hinuntergerutscht bin. Ein Werbespot für Cerealien hatte mich als Sechsjährige auf die Idee gebracht, dass ihr Verzehr mich in die

Lage versetzen würde, ebenso erstaunliche Heldentaten zu vollbringen wie ihre Comic-Werbeikonen *Fred Feuerstein* und *Barney Geröllheimer.*

Bis vor Kurzem habe ich mich geweigert, einen Bikini zu tragen, weil ich vor neunzehn Jahren schwanger war und nun mein ganzer Oberkörper übersät ist von Schwangerschaftsstreifen. Dass ich ein Baby bekommen habe, ist etwas, das in meinem Leben geschehen ist, und mein Körper trägt die Spuren davon. Doch ich glaubte zwei Jahrzehnte lang, mein Körper sei es nicht mehr wert, in einem Zweiteiler schwimmen zu gehen.

Ein Stück außerhalb der Ortschaft in Texas, in der Michael aufwuchs, gab es einen Bach, den er das „Paradies" nannte. Wenn er allein dort war, zog er sich immer aus und spürte die Freiheit, in seinem Jungenkörper zu sein, ohne dass die anderen ihn anstarrten und seine Andersartigkeit wahrnahmen. Er watete dann durch das flache Wasser des Baches, das wie schimmernder Satin aussah über den schiefergrauen Steinen, die von der Sonne erwärmt waren. Gott war für ihn spürbar gegenwärtig – dort in diesem Wasser, im Schatten dieser Bäume, in der Wärme dieser Sonne. Nicht der zornige Gott, den er fürchten musste, sondern sein eigener, wahrer, liebevoller Schöpfer, der ihn ans frische Wasser führte und seine Seele erquickte; derselbe Gott, der ihn zwanzig Jahre später in einen Job führen würde, bei dem er

Schulkinder durchs wilde Hinterland führt, weit weg von der Stadt, der Kirche und der Kultur, hinein in eine Weite, wo Gott Gott sein kann, ohne dass so viel bescheuerter Ballast an ihm hängt.

Nach der Auferstehung zeigte Jesus seinen trauernden Freunden seine Wunden. In Johannes 20,19–20 heißt es: „*[Da] kam Jesus und trat mitten unter sie und spricht zu ihnen: Friede sei mit euch! Und als er das gesagt hatte, zeigte er ihnen die Hände und seine Seite.*" Er versuchte nicht, die Wunde des Speers zu verstecken, und er trug keine Handschuhe, um seine durchbohrten Hände zu verbergen. Er war ohne Scham wie eine Frau mittleren Alters mit Schwangerschaftsstreifen, die im Bikini schwimmen geht.

Und genauso wenig, wie Jesus sich für seinen verwundeten Körper schämte, scheute er sich vor den menschlichen Körpern, die ihm während seines Wirkens begegneten. Niemals schreckte er vor Krankheiten oder einem entstellten Äußeren zurück. Wir können in der Bibel lesen, wie er seine Hand ausstreckte, um die Körper von Leprakranken, Blinden und Besessenen zu berühren – Menschen, die körperlich, geistig und sozial verwundet waren. Und er wusste, dass er als Auferstandener an seiner Gebrochenheit und seinen Narben erkannt werden würde.

Ist es bei uns nicht genauso? Wir können andere nur dann wirklich erkennen und selbst erkannt werden, wenn wir zeigen, wie das Leben uns gezeichnet hat. Mir geht es so, dass ich mich nie mit anderen Leuten wirklich verbunden fühle, bis sie mir ihre verbeulten, kaputten oder auch unscheinbaren Seiten gezeigt haben. Unser Schmerz und unser Versagen – die Dinge, die wir so oft zu verstecken versuchen, über die wir Scham empfinden, die Dinge, die uns Narben hinterlassen – sind das, was uns Textur gibt. Und ohne Textur haben wir nichts, womit andere sich verbinden könnten.[42]

Oder wie *Beyoncé* singt: „Zeig mir deine Narben, und ich werde nicht weggehen."

Trotzdem versuchen viele, einfach irgendwie weiterzumachen. Die Narben sind da, aber wir bedecken sie. Wir meinen, wenn ein Jahrestag uns daran erinnert, wie unsere Ehe gescheitert ist, wir angegriffen wurden, wie wir schikaniert wurden, weil wir trans oder schwul sind, oder wie wir uns damals diesen Reinheitsring an den Finger gesteckt haben, würde uns das nichts ausmachen bzw. sollte uns das nichts ausmachen. Wir meinen, da wir jetzt wissen, dass diese Dinge uns nicht definieren, sollten wir sie völlig hinter uns lassen. Den Schalter umlegen.

---

42 „Die Scham bezieht ihre Macht daraus, dass sie nicht ausgesprochen wird", schreibt die Forscherin und Schamexpertin Brené Brown. „Wenn wir jemandem unsere Geschichte mitteilen, der mit Empathie und Verständnis reagiert, hat die Scham keine Chance, Besitz von uns zu ergreifen. *Verletzlichkeit macht stark: Wie wir unsere Schutzmechanismen aufgeben und innerlich reich werden* (München: Kailash, 2013), Kindle-Ausgabe, Pos. 915, 1168.

Aber das funktioniert nur ausgesprochen selten. Denn solange unser Herz oder Hirn solche Wahrheiten nicht anerkennt, gehen sie einfach nicht weg. Sie graben sich in unseren Körper ein. Und bei mir scheint jede Wahrheit, die ich zu verdrängen versuche, Asyl in meiner Lendenwirbelsäule zu suchen. Denn indem ich sie ignoriere, bringe ich sie nicht zum Verschwinden, ich mache aus ihr nur einen Flüchtling. Und das Flüchtlingslager, das dann zwischen meinen Lendenwirbeln entsteht, wird mit der Zeit immer größer und schmerzhafter.

Es kostet einen Preis, Schmerz verleugnen oder sich selbst den Prozess des Trauerns vorenthalten zu wollen. Irgendwann *muss* unser Körper das alles verarbeiten und dann wird am Ende eine hohe emotionale Schlussrate fällig.

Am 28. September 2016 saß ich auf einem Hotelbett und schrieb eine Textnachricht an meinen Freund Eric. Ich zog mir die Decke über die Beine, während ich ihm schrieb, er solle heute lieb zu mir sein, denn es sei der zwanzigste Jahrestag meiner Hochzeit mit einem sehr netten, anständigen Mann, von dem ich inzwischen geschieden war. Ich hatte nicht damit gerechnet, dass mir ein Hochzeitstag einer Ehe, aus der ich mich selbst gelöst hatte, so an die Nieren gehen würde, aber als Eric mir zurückschrieb: „Du bist wunderbar – innen wie außen“, brach ich in Tränen aus. Es war ohnehin ein tränenreiches Jahr für mich gewesen. Ich hatte bereits in Zügen geweint, in der Kirche, am Telefon mit Freunden und allein in Hotelzimmern. Aber dieses Mal konnte ich einfach nicht aufhören. Wellen der Traurigkeit überrollten mich und zogen mich geradezu in die Tiefe. Mein Körper bebte vor Kummer darüber, dass ich mich nicht geliebt und nicht liebenswert fühlte. Ich hatte mir selbst einen Damm gebaut, so gut ich konnte, um meine Traurigkeit zu verbergen. Doch selbst mein Sport, Artikel und Bücher zu veröffentlichen, in die Therapie und in die Kirche zu gehen konnten sie nicht stoppen.

Mein Gemeindeglied Aram, ein netter, witziger Hospizseelsorger, sagte mir einmal, wenn Leute sterben, erleben sie manchmal eine sogenannte „letzte Unruhe" in ihrem Körper: Dann hilft nichts mehr, sie zu beruhigen. Weder tiefes Durchatmen noch Morphium. Das ist erschütternd mit anzusehen, aber für ihn sei es so, als ob ihr Körper noch einmal seinen ganzen Mist aufarbeite. So als müssten all die unverarbeiteten Traumata, die sich in ihrem Körper angesammelt haben, erst einmal herausströmen, bevor er in den Tod übergehen kann. Es sei wie in der Bibelstelle in Lukas 8,17, sagt er: *„Denn es ist nichts verborgen, was nicht offenbar werden wird, auch nichts geheim, was nicht bekannt werden und an den Tag kommen wird."*

Auf jenem Hotelbett wurde mein Körper von Krämpfen der letzten Unruhe über den Tod meiner Ehe heimgesucht. Er arbeitete seinen Mist auf, bevor er zu dem übergehen konnte, was als Nächstes kam.

Sie können Ihren Körper nicht mehr aufhalten, wenn er einmal in den Wehen liegt. Er hat dann einen Job zu erledigen und Sie sitzen einfach mit drin. Genauso ist es, wenn die Trauer einen Job zu erledigen hat. Dann sitzen Sie da mittendrin und tränken eine Bettdecke mit Rotz und Tränen, und es spielt dann überhaupt keine Rolle, ob Sie in einer Stunde eine öffentliche Veranstaltung zu bestreiten haben.

Mein Körper wusste, was meine Seele brauchte.

Ich wünschte, ich könnte Ihnen berichten, dass Michael heute, viele Jahre später, alles überwunden hat. Aber nicht jede Geschichte hat ein Happy End. Er kämpft. Sehr. Daher die Kreise um seine Infusionshämatome. Sein psychischer Zustand ist labil. Er trinkt zu viel. Schläft sich durch mehr Betten, als ihm selbst lieb ist. Aber immerhin versteckt er sich nicht mehr. Er achtet auch nicht mehr darauf, wie er seine Arme hält. Er betrauert vielmehr seine Wunden und zeigt seine Narben, was dazu führt, dass er Ausschau hält nach den Narben anderer.

„Ich habe schon immer Vögel mit gebrochenen Flügeln aufgehoben", sagte mir Michael an jenem Tag in der Kirche, als er sich Kreise um seine blauen Flecke gemalt hatte. Er erzählte mir, dass er kürzlich einen Typen in einer Bar abgeschleppt habe. Erst hinterher habe er die Narben auf den Armen des Mannes entdeckt. Daraufhin blieben die beiden die ganze Nacht über wach und erzählten sich die Geschichten zu ihren Narben. Michael empfand das als etwas Heiliges. Das tue ich auch.

In Gesprächen mit Freunden und Leuten innerhalb meiner Gemeinde habe ich gemerkt, dass viele von uns einen Raum brauchen, in dem wir über verlorene oder kompliziert verlaufene Sexualität trauern können. Brauchen Sie so etwas auch? Wenn ja, lade ich Sie ein, die unverarbeiteten traumatischen Erlebnisse, die sich in Ihrem Körper befinden, nach draußen zu lassen. Vielleicht mit einer befreundeten Person, der Sie vertrauen. Vielleicht auch allein. Vielleicht in einer Gemeinde.

Lassen Sie uns offen und ehrlich über diese Narben reden. Nicht weil sie uns ausmachen oder gar definieren, sondern weil wir sie definieren können.

Lassen Sie uns darum trauern, dass uns niemand beigebracht hat, die innewohnende Würde unseres menschlichen Körpers zu lieben und zu respektieren. Trauern um die Jahrzehnte, in denen wir Sex gemieden haben, obwohl wir ihn hätten genießen können. Trauern um den Schmerz. Trauern um den Missbrauch. Trauern um den Schaden, der uns durch die Botschaften der Kirche zugefügt wurde. Trauern um unsere eigenen Sünden und Fehler.

Unsere Narben sind Teil unserer Geschichte, aber sie bedeuten nicht ihr Ende. Die Vergangenheit wird immer ein Teil von uns bleiben, aber sie macht nicht alles aus. Das Ganze ist vielmehr ein *Prozess*, der von den Wunden zu den Narben, von dort zur Trauer und von dort schließlich dahin führt, dass wir diese Narben zeigen. Das braucht seine Zeit, vielleicht auch Therapie, vielleicht auch, dass wir uns in einer Gemeinschaft verletzlich zeigen, vielleicht auch, dass wir ein Zwölfschritteprogramm durcharbeiten, und vielleicht auch, dass wir eine Menge Fehler machen und dabei ein bisschen Freude erleben – vielleicht.

Lassen Sie uns also die Ränder des Schadens und des Verlustes markieren.

Lassen Sie uns mit einem Stift einen Kreis darum ziehen, dann können wir gemeinsam erleben, wie die Wunden zu Narben verheilen.

Lassen Sie uns trauern – mal allein, mal gemeinsam – und spüren, wie sich unsere Scham nach und nach auflöst. Mitten unter uns ist Jesus, der sagt: „Friede mit euch", der uns seine Hände und seine Seite zeigt und sagt: „Zeigt mir eure Narben, und ich werde nicht weggehen." Und dann wird er sagen: „Willkommen zur Auferstehung", und er wird uns allen eine fröhliche Bikinisaison wünschen.

Und am letzten Tag (der Konversionstherapie)

Ein Gedicht von Pádraig Ó Tuama

Ich
habe ihn
gerade zum
letzten Mal Ideen
aus der Luft greifen lassen,
nur diesem straighten Gott zuliebe.
Er bereitet mir eine frische Hölle
zum letzten Mal, aber ich
weiß es noch nicht.
Irgendwie,
hinter alledem,
habe ich manches gelernt,
um dies zu einem Tag zu machen, der mich
ausmacht: wie ich nicht wegschaue;
wie ich schaue auf das
Licht auf der Fläche
des Wassers
am frühen
Morgen;
wie
ich einen
Stock mit in die
Höhle nehme, die mich
ruft, und ihn reibe, um ein Feuer
zu machen, das mich wärmen kann;
wie ich anfangen kann zu glauben, dass der

Verrückte da vor mir sich diesen
ganzen Scheiß nur ausdenkt;
wie ich das Bedürfnis
stillen kann.
Ich
muss etwas
finden, um mir selbst
etwas zu erzählen, als ob mein Selbst
nicht genug wäre – ich glaubte, ich werde
nie genug sein – wie ich willkommen sage
zu der Geschichte, die ich schon immer
erzählt habe, wie ich die Furcht
ersticke, die mir sagt,
ich bin gehasst;
wie ich
das
Ich eindämme,
das all den verdammten
Mist geglaubt hat, mit dem er mich
verdammt hat; wie ich den Schmerz mit
Freundschaft auf den Kopf stelle; wie ich die
Wahrheit sage, wie ich mein Leben als eine Art Beweis
des Lebens gebrauche; wie ich den ersten Knoten
löse, mit dem irgendein Narr diesen Narren
gefesselt hat, wie ich einen Gott zu mir
sagen lassen kann: Heile, und
Tag, und ruhig, und
Baby, und
atme.

10. ES IST AUCH EIN ZAUBER DABEI

Ruthie, eine Sexualpädagogin, versuchte uns ein bisschen auf die Sprünge zu helfen. „Teilt euch zu dritt oder zu viert in Gruppen auf", forderte sie uns auf, „und erzählt euch gegenseitig von einer bedeutsamen geistlichen Erfahrung, die ihr hattet. Beschreibt, wie sich das angefühlt hat. Dann überlegt, welche ähnlichen Formulierungen oder Bilder in euren Berichten auftauchen, und versucht, daraus eine Definition für Spiritualität zu entwickeln."

Wir trafen uns jeden zweiten Dienstag auf der großen Empore der alten Synagoge, die wir für unsere Gemeindeveranstaltungen anmieten, um über Sex und Spiritualität zu sprechen. Für viele von uns war es schon peinlich, die beiden Wörter „Sex" und „Spiritualität" überhaupt in einem Atemzug zu nennen, denn es klang wie ein Widerspruch in sich. Es hörte sich an, als hätte das irgendein schmieriger kalifornischer Guru aus den 1970ern von sich gegeben – irgend so ein Lustmolch in leinenen Pumphosen, der zügellosen Unsinn schwafelte.

Ruthie schafft es, so unbefangen und sachlich über Sex zu reden, dass sie es schaffte, den meisten von uns im Nu die Nervosität zu nehmen. Sie ist völlig versessen aufs Stricken, hat die Rücken- und Schultermuskeln einer ehemaligen Wettkampfschwimmerin und ist *beinahe* so groß wie ich. Außerdem ist sie die stolze Besitzerin eines der, wie ich finde, nerdigsten Tattoos in der Gemeinde, und das will etwas heißen, da mindestens zwei Leute beim HFASS Tätowierungen mit Bezügen zu der amerikanischen Schriftstellerin *Flannery O'Connor* haben. Auf Ruthies Brust prangt die Zeichnung eines alten Propellerflugzeugs, umringt von einem Diagramm aus Linien und Gleichungen, die alle Kräfte darstellen, die auf ein fliegendes Flugzeug einwirken: Auftrieb, Gewicht, Schub und Luftwiderstand.

An jenem Abend hatten wir uns gemäß Ruthies Anweisung in Dreiergruppen zusammengefunden. In einer Gruppe saßen eine geschiedene Bibliothekarin im Ruhestand, eine junge alleinstehende Lehrerin und ein schwuler verpartnerter Buchhalter; in der anderen eine verheiratete Sozialarbeiterin in den Zwanzigern, eine verwitwete, lesbische Fabrikarbeiterin und ein heterosexueller Babyboomer. Wir erzählten uns von unseren geistlichen Erfahrungen und berichteten dann im Plenum von den Übereinstimmungen:

- etwas, das die Erwartungen übertrifft,
- etwas, das in die Freiheit führt (zum Beispiel aus Angst oder Scham),
- Ehrfurcht – vor Schönheit oder vor etwas Unheimlichem,
- Unterstützung – auch wenn es unbehaglich war, war da immer noch etwas, das uns trug,
- Transformation – eine radikale Bejahung des Lebens bei gleichzeitigem Heraustreten aus dem eigenen Ich,
- Geheimnis – etwas, das schwer ist, in Worte zu fassen, etwas, das uns gleichzeitig tiefer in uns selbst hineinführt und uns ermöglicht, aus uns herauszutreten.

Reagan durchbrach dann als Erste die anschließende Stille: „Hört sich an wie die Art von Sex, die ich gerne hätte." Alle lachten solidarisch, als wir merkten, dass sich all diese Beschreibungen guter Spiritualität wirklich ganz ähnlich anhörten wie guter Sex.[43] Miteinander über Sex zu lachen, war in dem Moment so befreiend,

---

43 In *Redeeming Sex: Naked Conversations About Sexuality and Spirituality* (Downers Grove, Illinois: InterVarsity Press, 2015) beschreibt Debra Hirsch Sexualität und Spiritualität als zwei unzertrennliche Seiten derselben Münze. Sie definiert Spiritualität als die Sehnsucht, *Gott* zu kennen und von ihm erkannt zu werden (auf körperlicher, emotionaler, psychischer und geistlicher Ebene). Sexualität definiert sie als die Sehnsucht, *andere Menschen* zu kennen und von ihnen erkannt zu werden (auf körperlicher, emotionaler, psychischer und geistlicher Ebene). Tatsächlich wird das hebräische Wort *yada* (erkennen) sowohl für Geschlechtsverkehr als auch für unsere Beziehung zu Gott verwendet.

zumal viele der in diesem Raum versammelten Menschen mit Schamgefühlen hinsichtlich Sexualität zu kämpfen hatten.

Nicht aber Sheila, eine enge Freundin unserer Gemeinde. Sheila ist schamlos. Sie ist mit fünf älteren fürsorglichen Brüdern auf der Farm ihrer Familie aufgewachsen. Als ihre Brüder merkten, dass ihre jüngere Schwester als Teenagerin sexuell aktiv wurde (wofür sie nicht den geringsten Anlass sah, sich zu entschuldigen), versuchten sie, weiteren Ärger von ihr fernzuhalten, indem sie ihr immer mehr Arbeit draußen auf der Farm aufhalsten. Sheila bekam dadurch einen sonnengebräunten Teint, der ihr auch im jungen Erwachsenenalter erhalten blieb, weil sie sich nach wie vor gern im Freien aufhielt.

„Ich finde meine Haut schön", hört man sie hin und wieder ohne die geringste Verlegenheit sagen. Auch jetzt noch verdient sie ihren Lebensunterhalt im Freien, indem sie als Tierwärterin im Zoo arbeitet, wo sie sich auf diverse Schaf- und Rinderarten aus dem Nahen Osten spezialisiert hat. Sie und ihr Partner Mike haben sich bei der Arbeit kennengelernt. Offenbar findet sie jeden Tag Zeit, mit ihm zu flirten. Jedenfalls schickt sie ihm sexy Textnachrichten, in denen sie ihm schreibt, wo sie sich später mit ihm treffen und was sie dann mit ihm anstellen will. Und irgendwie führen die beiden einen schönen, aber etwas altmodischen Wettkampf miteinander: Wer vermag es, bessere Verse darüber zu schreiben, wie herrlich der Körper der anderen Person ist, und zwar ausschließlich durch Eindrücke von ihrer Arbeit? Insofern erhält Sheila, meist um die Mittagszeit, jede

Menge lustiger SMS, in denen Mike ihre Brüste mit den Gazellenbabys im Zoo vergleicht.

Ich habe mich schon oft gefragt, was Leute eigentlich genau damit meinen, wenn sie sagen, jemand fühle sich „in seinem Körper wohl". Obwohl ich mir da immer noch nicht ganz sicher bin, glaube ich, dass Sheila ein Beispiel dafür ist. Sie bewegt sich völlig selbstsicher, so als hätte sie jeden Knochen und jeden Muskel unter Kontrolle, nicht nur diejenigen, die für die Fortbewegung notwendig sind. Sie erweckt den Eindruck, als wäre sie sich ganz ihrer selbst bewusst und hätte Freude an jeder einzelnen Faser ihres Körpers. So als wäre sie gleichermaßen real, ganz hier und doch magisch. Das soll nicht eitel klingen. Eitel ist man, wen man denkt, alle fänden einen wunderschön. Was Sheila vielmehr ausstrahlt, ist Souveränität.

Sheila und Mike scheinen völlig unberührt zu sein von der sexuellen Scham, die so viele in meiner Gemeinde zu plagen scheint. Sie sind nicht verheiratet, und es ist ihnen nie in den Sinn gekommen zu verheimlichen, dass sie wirklich ein Liebespaar sind. Sie verspüren große Freude übereinander und an sich selbst, so als hätte ihre gegenseitige Anziehung sich in eine tiefe Wertschätzung und ein starkes Selbstvertrauen in persönlicher, körperlicher wie sexueller Hinsicht verwandelt. Sie gehören einander mit Leib und Seele und bleiben dennoch eigenständig.

Irgendwann fing ich an, Sheila und Mike als einen Maßstab für eine positive Haltung zum Körper und zum Sex zu sehen, und zwar auch auf eine zutiefst geistliche Art und Weise.

Denn ihre Einstellung zu Sex, zueinander und zu sich selbst wirkt auf mich ausgeglichen und ganzheitlich. Sie steht im krassen Gegensatz zu der vieler meiner Gemeindeglieder, die in „bibeltreuen" Gemeinden aufgewachsen sind.

Aber woran liegt das, dass Sheila und ihr Liebhaber Ausnahmen von dieser Regel zu sein scheinen? Wie kommt es, dass sie sich offenbar überhaupt nicht für ihren Körper und obendrein ihren sexuell aktiven Körper schämen?

Nun, der Grund ist, dass Sheila in Wirklichkeit niemand ist, den ich kenne. Sie ist die Erzählerin eines sehr langen und ausgesprochen heißen erotischen Gedichts. In diesem Gedicht spricht sie ohne Scham über ihr sexuelles Verlangen. Sie äußert sich ohne Einschränkung über das Gefallen an ihrer eigenen Schönheit und schildert, ohne sich dafür zu entschuldigen, ihre Sehnsucht nach dem Körper ihres Liebhabers.

Sie fragen sich sicher: Und wo steht dieses Gedicht?

Erraten! In der Bibel. In der B-I-B-E-L. In demselben Buch, dem wir solche sexualethischen Juwelen verdanken wie die Vergewaltigung Tamars und Sätze wie „Ihr Frauen, ordnet euch euren Männern unter" und „Wenn eine Frau in ihrer Hochzeitsnacht nicht blutet, so steinigt sie". In dieser Bibel finden wir auch, inmitten des erotischen Gedichts namens Hohelied, diese beiden schamlosen Liebhaber. Weil die Bibel, ebenso wie Sex und jede andere tiefe Erfahrung, eben nicht nur eine Sache ist.

Als mir damals in meiner Gemeinde eine Jugendliche in meinem Alter erzählte, in der Bibel gebe es ein Buch über Sex, kam es mir so vor, als hätte sich herausgestellt, dass es in der Bibel ein Buch über Kokain gibt. Also schnappte ich mir eines Sonntagnachmittags, als ich allein in meinem Zimmer war, die Bibel (die mit den Bildern von Hippies zwischen den großen Lettern des Titels „Good News") und schlug das Hohelied auf (irrtümlich auch „Hohelied Salomos" genannt) und war gespannt auf die Antworten, die ich finden würde.[44] Doch ich entdeckte nur ein paar Stellen, wo vom Küssen die Rede war, und von einem Mann, der die Brüste eines Mädchens mit irgendwelchen Tieren verglich, was ich seltsam fand. Das brachte mich nicht dem Ziel näher, diesen Sexcode zu knacken.

Inzwischen habe ich es begriffen. Das Hohelied erzählt eine Geschichte über Sex, aber es ist nicht pornografisch. Erotik kommt darin vor. In dem Buch geht es mehr ums Verlangen als über den Koitus (Verzeihung, dass ich das Wort überhaupt verwende). Aber es handelt nicht *nur* vom Verlangen im allgemeinen Sinne. Vor allem geht es um das *weibliche* Verlangen. Und wie Carey Ellen Walsh zu Recht sagt, ist es „schockierend, dass ein ganzes Buch der Bibel sich dem Verlangen einer Frau widmet.

44 Der Titel „Hohelied Salomos" wurde erst viel später durch die Herausgeber des Buches hinzugefügt und verweist nicht auf die Verfasserschaft, sondern wohl eher auf die instinktive Neigung, einem mächtigen Mann ein Werk zuzuschreiben, das aller Wahrscheinlichkeit nicht von ihm stammte. „The Song of Solomon", SparkNotes, *http://www.sparknotes.com/lit/oldtestament/section14.*

Es ist wahrhaft subversiv und fügt eine dissonante Stimme in den Kanon ein, nämlich die einer Frau, die ihr eigenes sexuelles Verlangen in Anspruch nimmt und genießt."[45]

Immer wieder in diesem Gedicht sagt Sheila wunderschöne Sätze wie diese:

Wie ein Apfelbaum unter den Bäumen des Waldes,
so ist mein Freund unter den Jünglingen.
Unter seinem Schatten zu sitzen begehre ich,
und seine Frucht ist meinem Gaumen süß.
Er führt mich in den Weinkeller,
und die Liebe ist sein Zeichen über mir.[46]

Hier finden sich Natur, ein Festmahl, Sinnlichkeit, Sexualität und Verlangen ... und das alles in der Bibel. Aber da das Hohelied ein Gedicht ist, das vor allem über das weibliche sexuelle Verlangen spricht, dürfte es niemanden überraschen, dass es von den männlichen Geistlichen, Gelehrten und Theologen über die Jahrhunderte nicht so verstanden wurde. Es wurde vielmehr als Allegorie angesehen.

Ein Rabbiner aus dem zweiten Jahrhundert, Rabbi Akiba, machte über das Hohelied die berühmte Aussage: „Alle Schriften

---

45 Carey Ellen Walsh, *Exquisite Desire: Religion, the Erotic, and the Song of Songs* (Minneapolis, MN: Fortress Press, 2000).

46 Hohelied 2,3–4.

[Israels] sind heilig, aber das Hohelied ist das Allerheiligste."[47] Damit wollte er sagen, der Text des Hohelieds sei kein erotisches Gedicht, sondern ein mystischer Schlüssel zum Verständnis der Liebe Gottes.

„Für die nächsten zweitausend Jahre", schreibt die Dichterin und Gelehrte Alicia Ostriker, „interpretierten die rabbinischen Kommentare es als eine Allegorie der Liebe zwischen Gott und Israel." Später lasen Christen denselben Text als Allegorie für die Liebe Christi zu seiner Gemeinde. Wenn es stimmt, dass die Kirche Sex als Konkurrenz ansieht, dann ist das Hohelied so, als hätte sich der Konkurrent mitten in den Mauern der Kirche eingenistet. Daher rissen sich die führenden Theologen ein Bein aus, um die Identität des Hoheliedes zu verleugnen.

Das fing schon recht früh an mit einem Mann namens Origenes. Origenes lebte im dritten Jahrhundert in Alexandria und war ein sehr produktiver christlicher Schriftsteller, Denker, Gelehrter und Prediger. Angeblich schrieb er zehn Bände über das Hohelied; ähnlich wie Augustinus - der Mann, dem sein Penis so viel zu schaffen machte - seine Laufbahn damit zubrachte, ganze Bände darüber zu schreiben, Adam sei vor dem „Sündenfall" in der Lage gewesen, seine Erektionen zu steuern.

Auch Origenes hatte sein Leben lang Mühe mit so manchen Dingen. (Was für eine Überraschung!) Sein Verlangen nach Sex

47 Alicia Ostriker, „A Holy of Holies: The Song of Songs as Countertext", in *The Song of Songs: A Feminist Companion to the Bible*, hg. von Athalya Brenner und Carole R. Fontaine (Sheffield, UK: Sheffield Academic Press, 2000), S. 38, und Walsh, *Exquisite Desire*.

quälte ihn so sehr, dass er die Sache buchstäblich selbst in die Hand nahm. Origenes hielt sich an den platonischen Gedanken (an den Paulus in manchen seiner Schriften des Öfteren anknüpft), der Geist sei auf einer höheren Ebene angesiedelt als das Fleisch und der Körper sei ein Feind der Seele. Deshalb, statt sich weiter von sündigen sexuellen Wünschen plagen zu lassen, kastrierte er sich selbst. Das nenne ich Hingabe.[48]

Selbstkastration, um der Versuchung zu entgehen, hört sich extrem an, und doch unterscheidet es sich nur wenig davon zu behaupten, Frauen sollten ihren Körper verhüllen, damit Männer nicht in Versuchung geraten, oder hormongetränkten Jungs zu sagen, sie sollten schon den *Gedanken* an Sex meiden, und Sex außerhalb der Ehe als sündig, gefährlich und toxisch zu bezeichnen. Das alles riecht nach dem Schwachsinn, den Cindys Pastor von sich gab, als er riet „den sündigen Leib zu überwinden".

Doch Sheila, wie ich sie nenne, scheint diese Trennung zwischen Fleisch und Geist nicht in sich zu tragen. Deswegen finde ich ihre Lyrik so befreiend. Sheila ist so anders als die meisten Leute, denen ich begegne, ja sogar so anders, als ich selbst bin.

Die Schreiber des Neuen Testamentes lebten in einer durch und durch hellenisierten Kultur, in der das griechische Denken

48 Marvin H. Pope, *Song of Songs*, Anchor Bible Commentaries (Garden City, NY: Doubleday, 1977), S. 115.

ausschlaggebend war und damit auch die Überzeugung, der Körper sei verdorben und nur der Geist könne heilig sein. In der Anfangszeit gab es sogar Ausprägungen des Christentums, die diesem Gedanken so sehr anhingen, dass sie nicht glauben wollten, dass Jesus überhaupt einen Körper besessen hatte. Er *schien* nur einen zu haben, meinten sie. Und das griechische Wort für „scheinen" ist die Wurzel des Wortes *Doketismus*, das für einen Glauben steht, der die Inkarnation leugnet – diese kleine Nebensache über die Identität Jesu. Das orthodoxe Denken dagegen nennt Jesus den fleischgewordenen Gott. Fleisch. *Carne.* Haut, Muskeln und Knochen. Deshalb wurde der Doketismus letztlich als Häresie verworfen.[49]

Wie kam es aber dann dazu, dass Sheilas erotisches Liebesgedicht von Christen so gedeutet wurde, als hätte König Salomo es über die Liebe Jesu zur Gemeinde geschrieben? Marvin Pope gibt in seinem Buch *Song of Songs* eine Erklärung: „Origenes verband die platonische und gnostische Haltung zur Sexualität, um es [das Hohelied] in ein geistliches Drama ohne jede Fleischlichkeit umzudeuten."[50]

Im Grunde ist es bizarr, dass eine Religion, die auf der Vereinigung des Menschlichen und des Göttlichen beruht – einer Religion, die davon ausgeht, dass Gott sich freiwillig dafür entschied, einen menschlichen Körper zu haben; ein Glaube, dessen zentraler Ritus ein gemeinsames Mahl aus Brot und Wein

49 Auf dem ersten Konzil von Nicäa im Jahr 325.

50 Pope, *Song of Songs*, 115.

ist, von denen wir sagen und manchmal sogar glauben, sie seien der Leib und das Blut Jesu –, sich zu einer so leib- und freudenfeindlichen Religion entwickeln konnte.

Ich bin empört darüber, wie der erotische Charakter des Hoheliedes gezähmt und zu einer harmlosen kleinen Allegorie zurechtgestutzt wurde und wie die leibfeindlichen, frauenfeindlichen und sexfeindlichen Lehren der Kirche, über die wir gesprochen haben, mir und vielen Leute, die sich in meiner Obhut befinden, geschadet haben. Es bringt mich so sehr in Rage, dass ich am liebsten weite Teile der christlichen Lehre und der Kirchengeschichte auf den Müll werfen möchte.

Aber dann denke ich: *Moment mal!* Während ich mich über die historische Umdeutung des einzigen Buches der Bibel aufrege, das möglicherweise von einer Frau – und obendrein von einer sexuell feurigen Frau – geschrieben wurde, fällt mir Ruthie ein, die uns ja beigebracht hat, dass Sex und Spiritualität untrennbar miteinander verbunden sind. Vielleicht hatten ja diejenigen, die in der Bibelauslegung den Ton angegeben haben, einfach nicht die Absicht, den Text des Hoheliedes noch reicher zu machen, indem sie Sex und Geist miteinander in Verbindung brachten – doch nun sind wir genau da angekommen, im Allerheiligsten.

Noch einmal: Die Formulierungen, mit denen wir in unserer Gesprächsgruppe unsere geistlichen Erfahrungen beschrieben haben, und die, mit denen wir über richtig umwerfenden Sex redeten – über die Art sexueller Erfahrung, wie sie Sheila verkörpert (unbefangen und transzendent) –, hatten eine verblüffende Ähnlichkeit.

Zwar wussten wir bereits vor dem Abend, als wir an Ruthies Übung teilnahmen, dass es in unserem Gruppengespräch um Spiritualität und Sex gehen würde. Deshalb dachte ich darüber nach, ob unsere Antworten vielleicht in sexueller Richtung gefärbt waren. Doch als ich mich am nächsten Tag bei Twitter einloggte und die Frage stellte: „Welche Wörter oder Bilder würdet ihr gebrauchen, um eine tiefe geistliche Erfahrung zu beschreiben, die ihr hattet?“, bekam ich folgende Antworten (kleine Auswahl):

Erstaunt und durcheinander. Dann dankbar.

Ich wurde wie von einer warmen Blase eingehüllt, und eine ruhige Stimme sagte mir, es würde alles gut. Danach veränderte sich meine Vorstellung von Gott.

Warm. Ich war ganz entspannt. Und dann total erschreckt, verstört und betroffen, nachdem ich aus der Stille heraustrat und versuchte zu verstehen, was passiert war. Trost, Freiheit, Erlösung.

Es war wie zu Hause: begrüßt zu werden in einem Raum, der bedeutet, dass ich nichts machen oder tun muss, sondern in diesem Moment einfach ich selbst sein darf.

Wiederherstellend.

Ein Gefühl tiefer Reinheit.

Überwältigend, tränenreich, ich spürte eine Last, die abfiel, Freude.

Keine Worte ... nur das Gefühl einer großen Offenheit und inneren Weite.

Nun mal ein Gedankenspiel: Stellen Sie sich vor, Sheila – ganz zu Hause in ihrem Körper, ganz frei von Scham – würde gebeten zu beschreiben, wie es ist, wirklich großartigen Sex zu haben. Was hätte sie wohl gesagt? Hätte sie wohl Wörter und Ausdrücke wie die oben aufgeführten gebraucht? – Ich denke schon.

Als ich an dem Abend auf der Empore in der Kirche Ruthies Tattoo mit dem alten Propellerflugzeug anstarrte, fiel mir ein, wieso sie es sich hatte stechen lassen. Sie habe es sich ausgesucht, hatte sie mir erzählt, weil sie eine Schwäche für Mathe und Physik habe und weil diese Dinge zwar erklären, wie die meisten Sachen funktionieren, aber eben nicht *alles*.

„Wie ist es nur möglich, dass wir Tausende Tonnen von Menschen und Metall durch die Luft fliegen lassen können?", sagte sie. „Eigentlich müssten wir in einem flammenden Inferno abstürzen. Die Menschen haben immer nur vom Fliegen geträumt und sich jahrtausendelang Mythen darüber erzählt. Aber heute tun wir es täglich, ohne auch nur einen Gedanken darüber zu verschwenden. Das lässt sich nicht annähernd durch Aerodynamik erklären. Es ist auch Zauberei dabei. Und mein Tattoo erinnert mich daran, mich zurückzulehnen und über diesen Zauber zu staunen."

Vielleicht könnte man dasselbe über das Menschsein sagen. Es gibt eine *Raumschiff Enterprise*-Episode, in der die Besatzung auf eine hoch entwickelte Lebensform trifft, die aus reinem Bewusstsein besteht. Diese Lebensform bezeichnet die Menschen spöttisch und dennoch auch irgendwie zutreffend als „hässliche Säcke, größtenteils aus Wasser".

Wir Menschen sind hässliche Säcke, größtenteils aus Wasser. Wir sind eine wissenschaftlich erklärbare Kombination aus Chemikalien und Teilchen – und eben einer Menge Wasser.

Aber wissenschaftliche, religiöse oder sonstige Formeln helfen uns nicht, Menschen zu verstehen. Denn auch hier steckt etwas Magisches darin. Natürlich können wir die Anteile von Sauerstoff, Kohlenstoff, Wasserstoff, Kalzium und Phosphor, die in einem menschlichen Körper enthalten sind, bestimmen. Aber sobald wir ein Diagramm der Kräfte zu zeichnen haben, die auf diesen Körper einwirken, gibt es immer noch ein Element, das wir nie ausrechnen können: Und dieses Element hat was Magisches. Der Geist. Die Seele. Die *Imago Dei.* Der Atem eines lebendigen Gottes, der uns Leben schenkt. *Jah. We.*

Allzu oft versucht die Religion, den Sex zu erklären, indem sie ein Diagramm aus der Schlangenperspektive zeichnet – es enthält nur die physikalischen Größen der Furcht, der Bedrohung und der Kontrolle, aber nichts von dem Zauber. Ebenso bombardieren uns die Medien und die Werbung mit der Vermarktung des Sex, sodass Sex entweder zu einem Tauschmittel oder zu einem der vielen Aspekte des Lebens wird, bei denen wir beurteilt und als unzulänglich befunden werden. Aber keiner dieser Ansätze reicht aus. Keiner weist auf die ganze Wahrheit hin. Dass dem Ganzen auch ein Zauber innewohnt.

Dieser Zauber ist das, was Gott bei der Schöpfung in uns hineingelegt hat. Ein Funke göttlicher Kreativität, das Verlangen danach, mit Leib und Seele erkannt zu werden und eine tiefe Verbindung mit Gott und mit einem anderen Menschen zu finden. Dieser Zauber ist der saftigste Teil von uns, und der verletzlichste. Dieser Zauber wurde uns eingehaucht, als Gott seine Lungen entleerte, um uns Leben einzuhauchen, und damit ausdrückt: „Nehmt, was ich habe und wer ich bin." Dieser Zauber ist es, den Schlangen versuchen durch Scham zu verdunkeln. Dieser Zauber ist es, der für alle Zeiten und für alle Menschen geheiligt wurde, als Jesus menschliche Gestalt annahm und sich selbst verschenkte, indem er sagte: „Nehmt und esst, dies ist mein Leib, für euch gegeben."

11.
HI, MEIN NAME IST …

„Wir hätten Marshmallows mitnehmen sollen“, das dürfte sicher mein Lieblingssatz sein, den ich je in der Kirche gehört habe.

Ich hatte über Buße gepredigt und dabei erwähnt, dass Buße tun (griechisch *metanoia*) im Grunde bedeutet, mit etwas Schluss zu machen. Es heißt, neue Gedanken zuzulassen. Sie ist, und das macht das Evangelium so bedeutsam, eine Art Spachtelmasse fürs Hirn, mit der wir die tiefen, neuronalen Furchen, durch die über lange Zeit immer wieder schädliche Gedanken geflossen sind, ausspachteln können.

Gegen Ende der Predigt stellte ich meiner Gemeinde eine Frage: „Welchen Gedanken hast du in der Stille am häufigsten über dich selbst?“ Nachdem ich dann meine Predigt beendet hatte, waren alle eingeladen, diesen Gedanken über sich selbst auf einen Klebezettel zu schreiben und an die Wand zu kleben.

Als ich während des sogenannten „Open Space", unserer zehnminütigen Zeit zum Beten und Nachdenken, die im HFASS immer auf die Predigt folgt, zur Wand ging und die Zettel las, schnürte sich etwas in mir zusammen.

Ich bin nicht genug.
Ich bin ein Versager.
Niemand wird mich je so lieben, wie ich bin.
Ich bin fett und verdiene es nicht, geliebt zu werden.
Ich bin mittelmäßig.

So einen Scheiß schleppen die Leute mit sich herum. Und das hat zutiefst mit unserer Sexualität zu tun. Und statt der Ort zu sein, an dem Leute diese ganzen Lasten ablegen können, legt es die Kirche oft geradezu darauf an, ein Ort zu sein, an dem ihnen noch mehr Lasten aufgepackt werden. Beweisstück A ist die Nashville-Erklärung.

Ich kenne Ihre Lebensgeschichte nicht. Aber ich möchte Ihnen auch die Fragen stellen, die ich allen meinen Gemeindegliedern für dieses Buch gestellt habe:

- Welche Botschaften haben Sie über Sex und über den Körper gehört – von der Kirche, von Ihrer Familie und von der Kultur um Sie herum?
- Welche Auswirkungen hatten diese Botschaften auf Sie?
- Und wie haben Sie Ihr Leben als Erwachsener geführt?

Haben Sie Ihre große Liebe gefunden, die einzige Liebe Ihres Lebens, und Sie sind alle beide rundum zufrieden? Haben Sie jung geheiratet und das Gefühl, nie so richtig Gelegenheit gehabt zu haben, Sex auszuprobieren? Hat jemand Ihre Sexualität durch Gewalt verletzt, sodass Sie Schutzschichten um sich herum aufgebaut haben? Gehören Sie zu denen, die im Kreis des Bewässerungssystems aufgewachsen sind und nun damit konfrontiert sind, ein queeres Kind zu haben, das in die Ecken gepflanzt wurde? Empfinden Sie eine tiefe Zufriedenheit und Selbstannahme über Ihren eigenen Körper und wissen Sie genau, was Ihnen Freude bereitet und können das auch ohne Scham äußern? Möchten Sie besseren Sex erleben? Mehr davon? Oder weniger?

Hat man Ihnen gesagt, Ihr Verlangen wäre etwas Schlechtes? Hat man Ihnen gesagt, Sie müssten sich von Ihrer Sexualität lossagen, um mit Gott im Reinen zu sein? Hat man Ihnen ... gar nichts gesagt?

Und was denken Sie in der Stille am häufigsten über sich selbst? Was würden Sie auf den Klebezettel schreiben?

Aus gutem Grund wird der Teufel in Teilen der hebräischen Bibel *ha satan* genannt, was übersetzt „der Ankläger" heißt. Egal, wie Sie über den Teufel denken, ob Sie ihn für ein wirklich existierendes Wesen halten oder nur für die Schattenseite unserer selbst, die Stimme des Anklägers kennen wir alle.

Die Stimme der Scham in unseren Köpfen – das ist der Ankläger. Die anklagende Stimme, die mir sagt, dass ich *bin*, was ich getan habe, oder dass, was ich *bin*, falsch ist. Die Stimme, die uns Lügen über uns selbst und andere Leute eintrichtert. Der Ankläger ist die Stimme, die mich ständig auf dem Laufenden hält über die Schere zwischen meinem idealen und meinem tatsächlichen Ich, zwischen meiner idealen und meiner tatsächlichen Persönlichkeit, zwischen meinem idealen und meinem tatsächlichen Gewicht. Die alles Schädliche, was mir als Kind gesagt wurde, ständig wiederholt.

Die Stimme des Anklägers bringt uns dazu, weniger zu essen, als wir sollten, oder mehr, als wir sollten. Sie bringt uns dazu, mehr Stunden mit Arbeit zu verbringen, als gesund ist. Sie bringt uns dazu, einen lächerlichen Aufwand zu treiben, um irgendwie zu beweisen, dass die Stimme nicht recht hat. Oder um zu beweisen, dass sie recht hat. Manchmal versuchen wir diese Stimme durch Alkohol, Sex, Einkäufe, Speisen oder Erfolg zum Schweigen zu bringen.

Ich betone es noch einmal: All das ist an und für sich moralisch neutral, aber all das kann uns schaden, wenn wir versuchen, damit den Ankläger zum Verstummen zu bringen oder zu übertönen.

Um es klar und deutlich zu sagen: Der Ankläger ist nicht das Gewissen. Mein Gewissen sagt mir: „Du warst heute unfreundlich zu deiner Kollegin. Vielleicht wäre es eine gute Idee, sie um Entschuldigung zu bitten, weil du dich so dämlich benommen hast." Dass wir von unseren Sünden überführt werden, ist einfach notwendig.[51] Wie Paulus sagt, sind wir allesamt Sünder und ermangeln des Ruhmes, den wir vor Gott haben sollen. Das ist der menschliche Zustand, der niemandem erspart bleibt.

Wenn ich aber von dem Ankläger rede, dann meine ich die lähmenden Botschaften, die sich in unseren Köpfen in Dauerschleife abspielen. Das ist etwas völlig anderes, als ein schlechtes Gewissen zu haben. Das ist Scham.

Mit der Scham verhält es sich so, als ob wir unsere längst vergebenen Sünden wie ein geistliches Namensschild noch immer vor uns herumtragen: „Hi, ich bin ein Lügner", „Hi, ich bin eine Diebin", „Hi, ich bin ein Ehebrecher", „Hi, ich bin ein Junkie" oder wie ein psychologisches Namensschild: „Hi, mein Name ist dieses scheußliche Schimpfwort, mit dem mein Vater mich immer genannt hat".

Der Ankläger versucht zwar auch, uns des Abstands zwischen unserem idealen Ich und unserem tatsächlichen Ich zu überführen, aber die Wahrheit ist, dass niemand es ja geschafft hat, seinem idealen Ich zu entsprechen. Es ist ein bewegliches Ziel. Wie eine Luftspiegelung in einer Wüste. Je mehr wir darum kämpfen, sie zu erreichen, desto durstiger werden wir, aber dem Wasser kommen wir dadurch nicht wirklich näher.

---

51 Die beste Definition von Sünde, die ich je gehört habe, findet sich in Francis Spuffords Buch *Heilige (Un)Vernunft!: Warum Christsein, allen rationalen Bedenken zum Trotz, noch immer erstaunlich viel Sinn macht* (Moers: Brendow, 2014), wo er sie als den „menschlichen Hang, Dinge in den Sand zu setzen" beschreibt.

Ich sage nicht, dass Gott Sie zu dieser Fata Morgana bringen wird. Was ich sagen will, ist, dass das Ich, das Gott liebt, dass ich zu Gott eine Beziehung habe, Ihr *wirkliches* Ich ist. Gott wartet nicht darauf, dass Sie endlich dünner oder heterosexuell werden oder heiraten oder zölibatär leben oder damenhafter oder verrückter oder geistlicher werden oder weniger Alkohol trinken, bevor er Sie liebt. Außerdem würde ich sogar so weit gehen zu behaupten, dass infolgedessen, dass es Ihr ideales Ich in Wirklichkeit gar nicht gibt, das „Du“, das alle Menschen an Ihnen lieben, ebenfalls Ihr wirkliches Ich sein muss.

In der Apostelgeschichte kommt Gott in einer Vision zu Petrus. (Mein Freund Michael Fick nennt diese Vision „Das Büfett der Gräuel“.) Petrus sieht all die Tiere, die damals als unrein galten. Die Tiere werden in einem riesigen Tischtuch vom Himmel herabgelassen – vielleicht als Bild für all die Dinge, die Petrus erschreckten. Alles, wovon ihm gesagt worden war, es würde ihn unrein machen. Alles, was auf der Pfui-Liste steht. Und Gott sagt etwas, das allem gesetzlichen Dualismus für immer den Garaus macht und die Grenzen zwischen „uns“ und „denen“ auslöscht: „Was Gott rein gemacht hat, das nenne du nicht unrein.“

Was Gott zu lieben behauptet, das halte du nicht der Liebe unwürdig.

Was Gott gut nennt, das nenne du nicht anders als gut.

Was Gott durch seinen eigenen Atem mit Leben erfüllt und mit einer Seele und seinem eigenen Ebenbild ausgestattet hat, das behandle mit nicht weniger als Würde.

Sollte aber diese anklagende Stimme in Ihrem Kopf in Dauerschleife hörbar sein, dann machen Sie sich klar, dass es nicht die Stimme Gottes ist. Gottes Stimme ist zu hören im zärtlichen Gesang einer Mutter zu ihrem neugeborenen Kind. Sie ist die Stimme, die sagt: „Du bist geliebt." Gottes Stimme sagt, dass wir rein sind, gerechtfertigt, dass uns vergeben ist, dass wir neu sind. Sie spricht uns einen Wert zu, der nichts mit unseren eigenen Anstrengungen oder Leistungen zu tun hat oder damit, dass wir irgendeinem imaginären Ideal entsprechen.

Das ist der Zweck einer christlichen Gemeinschaft, wie ich sie verstehe. Wir helfen einander, den Ankläger zum Schweigen zu bringen. Wir verbinden uns gegenseitig die Wunden, zeigen uns unsere Narben, wissen um unsere Unzulänglichkeiten und vergeben sie einander. Wir weinen miteinander, bringen einander zum Lachen und halten eisern daran fest, dass Gnade für jeden da ist. Wir bestehen geradezu darauf, einander aus dem Griff der anklagenden Stimme zu befreien, und wir verstärken die Stimme Gottes.

Und wir hören uns die Geschichten an von Leuten, die die anklagende Stimme so weit gedämpft haben, dass sie die Stimme Gottes hören können, des Gottes, der unser wahres, fehlerbehaftetes, schönes Ich zum Vorschein bringt.

Das habe ich am Leben vieler meiner Gemeindeglieder miterleben können. Wie zum Beispiel bei Andie, die so unfassbar schön ist und Frieden geschlossen hat mit ihrem Körper, der nie dünn war, und wie sie die anklagende Stimme, die ihr immer

wieder eintrichterte, sie müsste oder könnte anders sein, als sie ist, schon nahezu zum Schweigen gebracht hat. Oder wie Samantha, die sich als junges gläubiges Mädchen dafür schämte, so eine ausgeprägte Sexualität zu haben, und die nach Jahren des Wechsels zwischen sexueller Anorexie und Esssucht über ihre Bedürfnisse und Wünsche Frieden mit Gott geschlossen und herausgefunden hat, was gesund für sie ist. Oder wie Reagan, der so viel Freude sowohl an der Kirche als auch am Queersein hat. Wie Cindy, die die Dämonen einer vergifteten Religiosität ausgetrieben hat und zu Jesus zurückgekehrt ist, der sie niemals verletzt hat.

Und wie Asher. Der liebe Asher.[52] Asher kam vor neun Jahren als Mary zu uns und hat während seiner Zeit als Gemeindeglied im *House for All Sinners and Saints* eine Geschlechtsumwandlung durchgemacht. Danach ging er aufs theologische Seminar. Dass ich bei seiner Ordinationsfeier predigen durfte, war einer der Höhepunkte meines Lebens. Als ich ihn das letzte Mal sah, sagte mir Asher, dass er vierundzwanzig Jahre lang ein Mädchen gewesen sei, helfe ihm, der Mann zu sein, der er heute ist. Würde

52 Leser meines Buches *Ich finde Gott in den Dingen, die mich wütend machen* werden sich an Ashers Geschichte erinnern, allerdings nur an einen Teil davon.

ihm die Chance gegeben, die Uhr zurückzudrehen und als Junge geboren zu werden, sagte er, so würde er es nicht tun – weil Gott gewollt habe, dass er trans ist. Zur Ehre Gottes schaffte es Asher, die Stimmen des Anklägers, der schlechten Therapeuten und der Gesellschaft zum Schweigen zu bringen und stattdessen als der freundliche, komische, liebenswerte Transmann zu leben, als den Gott ihn geschaffen hat.

Christen sollten einander helfen, die anklagende Stimme zum Schweigen zu bringen. Und Buße feiern – aufzuhören mit etwas; neue Gedanken zu denken –, die zu Möglichkeiten führt, an die wir nie gedacht haben. Einander so zu lieben, wie Gott uns liebt. *Uns selbst* so zu lieben, wie Gott uns liebt. Einander an die wahre Stimme Gottes zu erinnern. Und es gibt nur eine Möglichkeit, das zu tun: indem wir, ohne uns zu entschuldigen und in aller Demut, wir selbst sind. Indem wir nicht so tun, als ob. Indem wir echt sind. Wirklich. Unser tatsächliches, nichtideales Ich.

Und manchmal das tun, was wir im HFASS an jenem Abend, in der letzten Minute, nachdem wir unsere anklagenden Gedanken über uns selbst auf die Klebezettel geschrieben hatten, zu tun beschlossen hatten: Wir machten ein Lagerfeuer daraus. Und zwar keines von der harmlosen Sorte.

Wir wappneten uns gegen die Kälte des Dezemberabends und Joshua holte eine Alu-Grillpfanne aus der Küche und ging damit hinaus. Er hob sie hoch über seinen Kopf und trug sie auf

den Treppenabsatz vor dem Kircheneingang, so als führte er eine Prozession an. Dann stellte er sie auf dem Zementboden ab und wir warfen all unsere Zettel hinein.

Schweigend standen wir da und einer der Raucher aus der Gruppe reichte mir ein orangefarbenes Plastikfeuerzeug. Ohne ein Wort zündete ich die Ecke eines blauen Papierquadrats an, auf dem „Ich bin nicht genug" geschrieben stand. Die Flamme griff über auf den Zettel mit den Worten „Ich bin fett und wertlos", und schon bald hatten wir ein kräftiges, hoch züngelndes Feuer. Niemand sagte etwas, bis Nicci das Schweigen brach.

„Verdammt", sagte sie. „Wir hätten Marshmallows mitnehmen sollen."

12. SEGEN

Liebe ist der unsterbliche Durst des Herzens, ganz und gar erkannt zu sein und völlige Vergebung zu haben.

Henry van Dyke

Die Geschichte von der Frau, die ein festliches Abendessen störte, indem sie Jesu Füße mit Öl und Tränen salbte und mit ihrem Haar trocknete, kommt in unterschiedlicher Form in allen vier Evangelien vor.[53] Bei Lukas ist Jesus im Haus des Pharisäers Simon zu Gast, als die Frau ungebeten hereinkommt. Wie Lukas schreibt, lebte sie „in der Stadt" und war „eine Sünderin". Natürlich könnte man anmerken, dass die meisten Menschen

53 Ich habe die Geschichte im ersten Kapitel, „Sanctus", schon kurz erwähnt, möchte aber hier genauer darauf eingehen.

auf der Welt „in der Stadt“ leben und dass hundert Prozent der Menschen auf der Welt Sünder sind. Aber egal.[54]

Sie hatte so ihre Probleme. Ein Päckchen zu tragen. Sünde. Und sie hatte gehört, dass Jesus sich im Haus des Pharisäers Simon aufhielt. Sie wusste auch, dass Jesu in der Nähe Kranke geheilt, Blinde sehend gemacht und hungrige Menschenmengen mit Brot versorgt hatte. Es gab so vieles, wovon sie befreit werden, so vieles, was sie empfangen musste.[55]

Ich stelle mir vor, wie sie ein Alabastergefäß mit Öl nahm, den besten Duft, den sie finden konnte, und auf dem Weg zum Haus des Pharisäers Simon beinahe den Mut verlor. *Ich kenne ihn ja nicht einmal. Das ist doch verrückt.*

Aber etwas trieb sie dazu weiterzugehen. Vielleicht waren es die Dinge, an die sie gebunden war und unter denen sie beständig litt. Und mit jedem Schritt auf der Straße enthedderte sich

54 Laut UN leben 54 Prozent der Weltbevölkerung im städtischen Raum: *http://www.un.org/en/development/desa/news/population/world-urbanization-prospects-2014.html.*

55 Ebenso wie diese ungenannte Frau wurde auch die Samariterin am Brunnen, die zu verschiedenen Zeiten ihres Lebens mit verschiedenen Männern verheiratet gewesen war, in der Geschichte stets als Hure charakterisiert. Typisch ist etwa die Art und Weise, wie der konservative Prediger John Piper über sie redet. In einer Predigt beschreibt er die Frau am Brunnen als „eine weltliche, wollüstige, ungeistliche Hure aus Samaria“. Aber hat man da nicht den Eindruck, dass eine derartig detaillierte Beurteilung dieser Frau viel mehr über den Beurteiler aussagt als über die Beurteilte? Ich weiß nicht, wie es Ihnen geht, aber wenn ich in meinem Leben nie wieder eine frauenfeindliche Auslegung einer biblischen Geschichte hören müsste, hätte ich trotzdem noch zu viele davon gehört.

ihre Geschichte in ihrem Körper. Die Last all der Anschuldigungen, die gegen sie vorgebracht wurden, die Dinge, die sie getan hatte, und die Dinge, die sie versäumt hatte – all das begann sich zu lösen, als sie daran dachte, das Gesicht des Propheten vor sich zu sehen, den sie vor dem Tempel hatte reden hören. Der direkt zu ihr gesprochen hatte, so war es ihr vorgekommen.

Als sie Simons Haus betrat, hatte sich schon alle Furcht in Tränen aufgelöst. Sie sah ihn, den Mann, unter dessen Blick sie sich heil fühlte. Sie kniete nieder und weinte. Vielleicht trauerte sie der Person nach, die sie einmal hatte werden wollen und nie gewesen war, vielleicht trauerte sie über die Etiketten, die ihr die Religion, die Gesellschaft, die Familie und andere angehängt hatten.

Die Tafelgespräche verstummten. Alle schauten sie an, und aus dem Augenwinkel glaubte sie zu sehen, wie der Pharisäer Simon etwas in seinen Bart murmelte. *Dieser Jesus kann unmöglich ein Prophet sein, denn wenn er einer wäre, dann wüsste er, was das für eine Frau ist.*

Dieser Teil der Geschichte erinnert mich immer an die Gelegenheiten, bei denen ich mich nicht gesehen fühlte, sondern ein Etikett angehängt bekam: Sünderin, Ketzerin, Schlampe.

Dennoch ließ sie sich nicht von dem abbringen, wozu sie gekommen war. Sie nahm den Deckel von dem kleinen Steinkrug, goss das würzig duftende Öl auf die Füße des Lehrers, und in dem Öl bildeten sich Flecken aus salzigem Wasser. Waren es Tränen der Erleichterung? Der Reue? Der Wohltat, einfach nur gesehen zu werden?

Es gab mehr Durcheinander, als sie erwartet hatte, aber so war es in ihrem Leben ja meistens gewesen. Also nahm sie das Einzige, was sie hatte, ihr eigenes Haar, wischte ihm die Füße ab und küsste sie dann. Küsse der Freiheit.

Jesus wendet ihr sein Gesicht zu und sagt: „Simon, *siehst* du diese Frau?“ *Siehst du diese Frau? Siehst du dich selbst in ihr?*

Auch ich habe vor Jesus gekniet, der mich kennt, und habe Tränen der Erleichterung, der Reue und der Wohltat, einfach nur gesehen zu werden, geweint. Der Jesus, den Gott gesandt, um seinen Anspruch auf uns geltend zu machen und uns zu retten – er ist es, der mich am Christentum festhalten lässt trotz Hunderter Gründe, meine Sachen zu packen und mich aus dem Staub zu machen. Aber die Sache mit Jesus ist ein zweischneidiges Schwert. Denn so kostbar mir auch der Trost ist, dass der fleischgewordene Gott mich sieht, mir vergibt und mich von schädlichen Etiketten befreit, so zuwider ist es mir, dieselbe Zuwendung Leuten zuteilwerden zu lassen, die ich nicht leiden kann.

Simon geht es nicht anders als mir. Er sieht, was er sehen will, das, was leicht zu sehen ist: eine unreine Person, die zu Jesu Füßen kniet. Eine Sünderin. Ich denke an Augustinus und Tertullian und die Frauen, die die Benimmkurse unterrichtet haben, an Cindys Gemeinde und Trents wie Sams Jugendpastoren in ihren engen Jeans, an den Mann, der sich damals im Sommer vor mir und meinen Freundinnen entblößte, an den Mann in der Tagungsstätte, der Frauen vorwarf, sie ermordeten ihre Föten, und an all die Leute, die die Nashville-Erklärung geschrieben haben.

Wenn ich gut genug aufpasse, kann ich sehen, wie Jesus sie anschaut, die er ebenfalls mit seinem Anspruch belegt und liebt, und wie er zu mir sagt: „Nadia, siehst du diesen Mann? Siehst du diese Frau?"

Sind sie komplexe, leidende, wunderbar geschaffene Kinder Gottes, mit deren Ansichten ich nicht einverstanden bin, oder sind sie nur das, was ich in ihnen sehen will – Sünder? Wenn das Evangelium der Ort ist, wo wir Heilung finden von dem Schaden, der uns durch die Botschaften der Kirche zugefügt wurde, dann muss es auch der Ort sein, wo wir Freiheit finden. Soll heißen: Auch wenn es das Letzte ist, was ich tue, ich kann nicht anders, als zu glauben, dass das Evangelium stark genug, überwältigend genug, herrlich genug ist, um nicht nur diejenigen zu heilen, die verletzt worden sind, sondern auch die, die andere verletzt haben.

Sehen wir sie? Können wir erkennen, wie sie höchstwahrscheinlich nur versuchen, treu zu sein? Erkennen wir, inwieweit auch wir vielleicht in unserem Bestreben, treu zu sein, unabsichtlich andere verletzt haben?

Es ist mir zuwider, dass Gottes Ökonomie so funktioniert. Dass die Rettung meines Feindes mit meiner eigenen verknüpft ist. Deshalb nenne ich das Evangelium manchmal die *schlechteste gute Nachricht*, die ich in meinem Leben je gehört habe.

Meine Freundin, die Schriftstellerin Kelly Corrigan, sagt, wir erzählen nur eine einzige Geschichte über uns, unsere Vergangenheit oder unsere Beziehungen, weil „wir eine Spezies unzuverlässiger Erzähler sind, die unbedingt Dinge abschließen wollen". Es ist nicht das Schlechteste, wenn wir es uns gönnen, den Schaden zu benennen und über die Vergangenheit wütend zu sein; aber es ist schlimm, wenn wir darin stecken bleiben. Das kann ein Schritt zur Heilung sein, aber nicht das Ziel.

Trotz all der fehlgeleiteten, schädlichen Botschaften während meiner religiösen Erziehung empfinde ich es als kostbar, in einer Familie aufgewachsen zu sein, in der Dinge ernst genommen wurden. Unser Leben war auf Schritt und Tritt vom Glauben geprägt. Ich gehörte zu einer Gemeinschaft, in der alle Ereignisse unseres Lebens auf Gott bezogen wurden. Wir forschten in den alten Schriften nach Sinn und Wegweisung. Wir sangen uns die Seele aus dem Leib. Wir nannten einander „Bruder" und „Schwester". Wir gehörten zueinander. All das habe ich von der Gemeinde aus meiner Vergangenheit gelernt, und all das alles bringe ich mit in die Gemeinde meiner Gegenwart.

Während ich mir das Hirn zermarterte, wie ich dieses Buch am besten beenden sollte, kam ich eines Sonntags sehr früh ins *House for All Sinnes and Saints*, um eine Taufe vorzubereiten. Ich hatte bereits mit dem Ende des Buchs eine Weile gerungen, hatte es aus vielen verschiedenen Perspektiven betrachtet, so als wäre es eine riesige Bestie. Es kam mir vor, als näherte ich mich ihm im Angriffsmodus, so als könnte ich es bezwingen, wenn ich mich nur mit den richtigen Gedanken oder Bibelversen oder Geschichten oder Gedichten wappne.

Es war der erste Sonntag nach Epiphanias, der Sonntag der Taufe unseres Herrn, aber getauft wurde heute ein Baby namens Simon, der einjährige Sohn von Jeff und Tracy, die sich 2010 in unserer Gemeinde kennengelernt hatten.[56]

Während meine Mitbewohner die fegefeuermäßig unbequemen weißen Klappstühle aufstellten, die uns als behelfsmäßige „Kirchenbänke" dienen, füllte ich eine Glaskaraffe mit dem warmen Wasser, das ich bald in unser winziges Taufbecken gießen würde, begleitet von den Segensworten: „Noah und die Tiere überlebten die Sintflut. Hagar entdeckte deinen Brunnen. Die Israeliten entkamen durchs Meer, und sie tranken von deinem sprudelnden Felsen. Naaman wusch seinen Aussatz ab, die Samariterin würde nie wieder durstig sein, und der äthiopische Kämmerer fand Wasser in einer Wüste."

Während ich die Karaffe füllte, spritzte etwas davon auf meine Arme, und ich dachte: *Wirf die Waffen weg. Hör auf, die Bestie zu umkreisen. Alles ist schon vorbereitet.*[57] Meine eigene kleine Taufe.

---

56 In meinem Buch *Unheilige Heilige: Gott in all den falschen Leuten finden* (Moers: Brendow, 2016) habe ich ein ganzes Kapitel darüber geschrieben, wie Jeff und Tracy mir etwas vergeben haben.

57 Ruthie Kolb, die Sexpädagogin, hatte mit uns eine Übung gemacht, bei der wir die Aspekte des Glaubens oder des Gottesdienstes nennen sollten, die uns am meisten bedeuten, und dann darüber nachzudenken, wie diese Dinge uns zur Weisheit in sexuellen Dingen führen könnten. Die Antworten, die dabei herauskamen, führten für mich zu diesem Moment der Klarheit.

Allmählich versammelten sich die Leute im Kellergeschoss: Gäste von außerhalb, Angehörige von Jeff und Tracy, Studenten, die aus den Weihnachtsferien zurückgekommen waren, Ehepaare aus den Vororten, Gender-Queer-Aktivisten und ein Neuankömmling von Anfang achtzig, der so schwerhörig war, dass er mich anschreien musste, um selbst zu hören, was er sagte.

Ich sah mich um in der Runde der weißen Klappstühle, die um den windschiefen Tisch standen, der uns als Altar diente, und sah Meghan, Cecilia, Michael, Reagan und Cindy. Sie waren alle da und warteten auf den Beginn des Gottesdienstes – trotz der tausend Gründe, einen weiten Bogen um die Kirche zu machen, die sie im Lauf der Jahre gesammelt hatten. Es tröstete mich, das zu sehen, denn ich wusste ja, dass der kleine Simon, wenn er erwachsen ist, vielleicht manches, was ihm Schaden zugefügt hat, auf Botschaften zurückführen wird, die er im *House for All Sinners and Saints* empfangen hat, vielleicht sogar auf Botschaften von mir. Und er wird sich dennoch eine Glaubensgemeinschaft suchen, die ihm hilft, Heilung zu finden, vielleicht auch so ein Trüppchen, das sich um einen windschiefen Altar versammelt und aus vollem Herzen Gott lobsingt.

Dies ist der Leib Christi, mit allen Ecken und Kanten und Beulen und Schrammen. Wir stehen vor Gott und voreinander und Gott steht vor uns in diesen menschlichen Körpern. In ihnen allen.

Gott wird kundgetan: im Wunder unseres Körpers als Baby, das vor so kurzer Zeit von Gott gekommen ist, dass man Gott auf seinem Kopf noch riechen kann; in der Freiheit unseres Körpers als Kind, wie es war, bevor Scham und Verlegenheit sich einschlichen; in der Verwirrung unseres pubertierenden Körpers und der Aufregung unseres Teenagerkörpers, der allmählich Bekanntschaft mit dem Verlangen macht; im Feuer und Eis unsers Körpers als junge Erwachsene, die sich aneinander binden; in der absolut unfassbaren Magie unseres Babys hervorbringenden Körpers; in der Weisheit unseres alternden Körpers; und in der „Gott-so-nahen,-dass-man-Gott-riechen-kann"-Schönheit unseres sterbenden Körpers.

★ **Inkarnation, Carne, Fleisch**

Als der Gottesdienst losging, nickte ich unserem Kantor Jamie zu. Inmitten der lachenden Menschen, die einander begrüßten und sich ihre Plätze suchten, stand er auf und begann zu singen. Seine Stimme ließ uns aufhorchen und lud uns zum Mitsingen ein. *E pluribus unum.*

★ **Begleitung**

Nach dem Eingangslied stand ich auf und sagte: „Willkommen zum ersten Sonntag nach Epiphanias im *House for All Sinners and Saints.*" Und dann sprach ich die Worte, die ich in den letzten zehn Jahren fast jeden Sonntag gesprochen habe: „Für uns sind Dankbarkeit und Großzügigkeit geistliche Praktiken unserer Gemeinschaft. Deshalb haben wir ein Dankesbuch, in das Sie hineinschreiben können, wofür Sie dankbar sind, und einen

Korb, in dem Sie eine Gabe hinterlassen können. Außerdem haben wir hier einen offenen Tisch, das heißt, alle *ohne Ausnahme* sind eingeladen, nach vorn zu kommen und Brot und Wein zu empfangen, die für uns der Leib und das Blut Christi sind. Wenn Sie aus persönlichen Gründen nicht daran teilnehmen wollen, können Sie auch mit gekreuzten Armen nach vorn kommen, um einen Segen zu empfangen."

★ ***Dankbarkeit und Großzügigkeit, Überfluss***

Mein christlicher Glaube sagt mir, dass eine gute Nachricht nur dann gut ist, wenn sie allen gilt, sonst ist sie nur eine Ideologie. Erfüllende Sexualität ist für jede Art von Körper erfahrbar, jede Art von Geschlecht, jede Art von Geschlechtstrieb, jede Art von Mensch. Für Menschen, die sich für ein zölibatäres Leben entscheiden. Für solche, die ihr ganzes Leben lang einen Partner haben. Für solche, die nicht den Geschlechternormen entsprechen. Für solche, die geschieden, alleinstehend, befreundet, schwul, hetero, exotisch oder traditionell sind. Für Leute, die mich verletzt haben, und solche, die ich verletzt habe. Alle sind an den offenen Tisch eingeladen zur Fülle der Gnade, zur Fülle ihres erotischen, sinnlichen, liebenden Wesens.

★ ***Alle, ohne Ausnahme***

Nachdem ich alle zum Gottesdienst begrüßt hatte, hob Reagan seine Hände und sagte: „Gott, der da barmherzig und gnädig ist, geduldig und von großer Güte und Treue, liebt euch, so wie ihr seid. Als berufener und ordinierter Geistlicher der Kirche Jesu Christi und durch Gottes Vollmacht verkünde ich euch die völlige Vergebung aller eurer Sünden."

So etwas sagt mir im Yogakurs keiner. Und ich brauche es, dass mir das gesagt wird. (Yoga brauche ich auch, aber das ist eine andere Geschichte.) Ich brauche einen Ort, wo ich bekennen kann, dass ich nicht alles im Griff habe. Das Christentum ist kein Programm, um Fehler zu vermeiden; es ist ein Glaube der Schuldigen. Es gibt keine „richtige" oder perfekte Art, wie wir sein können. Wir lernen aus unseren Fehlern; wir begegnen anderen und uns selbst mit Gnade. So, wie Sie Ihrem Körper gegenüber gnädig sein können, wenn eine andere Person ihn liebt, ist Gnade die Antithese zur Ablehnung.

★ ***Vergebung***

Während der letzten Strophe von „*Shall We Gather at the River?*" ging ich zu unserem Taufbecken und winkte Jeff und Tracy mit Simon und seinen Pateneltern Aaron und Beth zu mir. Wie es bei uns üblich ist, scharen sich gleich darauf alle Kinder der Gemeinde um uns, um das Geschehen gut beobachten zu können.

Ich ließ kurz meinen Blick durch den Raum schweifen, der voll war mit so vielen unterschiedlichen Menschen, und dachte daran, dass unsere Körper tatsächlich zum Teil hässliche Säcke voll größtenteils Wasser sind, zum Teil aus Zauberei und zum Teil aus Staub mit dem Atem Gottes, und wie zutiefst gewöhnlich und dennoch tief verbunden mit dem Göttlichen wir sind.

Ich habe mal gehört, dass die gesamte Menge des Wassers auf der Erde heute immer noch dieselbe ist wie zu Anbeginn der Zeit. Wenn das stimmt, dann heißt das, dass Gott am Anfang alles Wasser schuf, das es gibt. Was verdampft, kehrt zu den Wolken zurück, aus denen dann Wasser in anderer Form zurück auf die Erde regnet. Das heißt, dass wir immer noch dasselbe Wasser trinken, das der Triceratops trank. Und es heißt, dass das Wasser unserer Taufe – egal, ob es uns über den Kopf gegossen wurde oder wir darin untertauchten, egal, ob es aus einem Fluss, aus dem Wasserhahn, aus dem Meer, aus einem Pool oder einer Flasche kam – möglicherweise das Wasser der Schöpfung ist. Dasselbe Wasser, dass Gott ganz am Anfang ins Dasein rief. Unser göttlicher Ursprung.

★ ***Verbindung***

Ich fragte Simons Eltern, seine Paten und die Gemeinde, ob sie Simon begleiten, ihm die Heilige Schrift in die Hände legen, ihn an den Tisch des Herrn bringen und ihn im Glauben anleiten wollen. Um dann fassten wir uns ein Herz und bekannten mit all denen, die uns vorausgegangen sind, und all denen, die uns noch folgen werden, unseren Glauben. Wir standen gemeinsam auf und „sagten dem Teufel und all seinen leeren Versprechungen ab". – Als Gemeinschaft sagen wir leeren Versprechungen ab. Ich finde das wunderbar.

Ich goss das Wasser aus der Karaffe in das Becken, segnete es und träufelte es dann im Namen des Vaters, des Sohnes und des Heiligen Geistes über den Kopf des kleinen Simon. ★ ***Heiligkeit***

Und für einen Augenblick erinnerte ich mich daran, dass in gar nicht so langer Zeit dieses Baby tun wird, was alle Menschen irgendwann tun, nämlich sterben. Und mit dem Tod wird es zurückkehren zu der Quelle seines Seins und damit, wie wir Lutheraner es nennen, seine „Taufreise vollenden". Und dann ist dieser Mensch kein Wasser mehr, sondern er wird zurückgekehrt sein zum Staub und zum Atem Gottes. *Jah. We.*

Ich umarmte Simons Eltern, und wir setzten uns alle zu den Lesungen und zur Predigt wieder hin. An diesem Sonntag predigte Cindy,[58] die sich gerade auf die Ordination in der Unitarischen Kirche vorbereitet („Ich will ihnen ein bisschen Jesus bringen", sagte sie), sodass ich mich vorher gar nicht mit der Bibellese beschäftigt hatte.

Noch gedankenversunken über unsere gemeinsame Verbindung in jenem Moment der Schöpfung, stockte mir ein wenig der Atem, als ich ihre erste Lesung hörte:

Am Anfang schuf Gott Himmel und Erde. Und die Erde war wüst und leer, und Finsternis lag auf der Tiefe; und der Geist Gottes schwebte über dem Wasser. Und Gott sprach: Es werde Licht! Und es ward Licht. Und Gott sah, dass das Licht gut war. Da schied Gott das Licht von der Finsternis und nannte

---

58 Eine andere Cindy als die aus dem vierten Kapitel.

das Licht Tag und die Finsternis Nacht. Da ward aus Abend und Morgen der erste Tag.

Während des Open Space schrieben die Leute Gebete auf, nahmen sich gegenseitig in die Arme, aßen ein paar Snacks und stellten sich für die Heilungsgebete und Salbung an. Dann setzten wir uns wieder, um Meghan zuzuhören, die uns das Gedicht des Tages las.

Taufe

Ein Gedicht von Ted Thomas jr.

Kalter Wind.
Ich helfe meinem Vater
in die Dusche,
mit seiner guten Hand
ergreift er meinen Arm als Stütze.
Drinnen sitzt er wie Buddha
auf einem Plastikhocker
und wartet, dass ich
beginne.
Ich benässe ihn
mit warmem Wasser,
seife ihm den Kopf ein, den Rücken,
den schlaffen Bauch,
die privaten Teile,
die nicht mehr privat sind.

Bisher hatte ich noch nicht gesehen, wie mein Vater
nackt aussieht, auch nicht die sich verändernde
Kontur seines Wesens,
seine wachsende Hilflosigkeit.
Seine braune Haut glänzt,
und ich stelle ihn mir vor
als den jungen Mann in der Nacht
meiner Empfängnis:
keuchend, kraftvoll, glänzend
vor Schweiß und Anspannung,
die weichen Hände meiner Mutter,
wie sie seine Schultern umklammern.
Ich trockne ihn ab,
er lässt sich von mir kleiden
in die weiße
Krankenhauskluft,
ich öle sein Haar,
bringe ihn zu Bett
und vergebe ihm.

★ Poesie

Ich weiß nicht genau, warum ich weinen musste. Vielleicht, weil das Wort Gottes uns manchmal besonders in poetischer Form erreicht. Vielleicht, weil meine eigenen Eltern im Raum anwesend waren, meine ersten Bezugspersonen, die mir vergeben haben und denen ich vergeben habe. Vielleicht, weil ich die Geschichten so vieler anderer Leute von Familien, Körpern, Nacktheit, Altern, Empfängnis, Barmherzigkeit und Vergebung in meinem Herzen trug und sie sich alle mit meiner eigenen Geschichte vermischten.

Schließlich erinnerten wir uns an den Abend, als Jesus sich mit seinen verunsicherten Freunden zu einem Mahl traf, das nach Freiheit schmeckte: Brot und Wein, die für uns der Leib und das Blut Christi sind. Das Wort wurde Fleisch.

In meinem Leben als Pastorin, als Frau und als Mutter von Kindern im College-Alter bin ich dankbar dafür, dass es im christlichen Glauben so vieles gibt, das mir Wegweisung gibt, während ich eine neue Sexualethik entdecke und meine Gemeindeglieder begleite, die dasselbe tun. Es geht nicht um eine Wahl, uns entweder von unseren eigenen Wünschen und unserem Ego leiten zu lassen oder unsere Instinkte und Erfahrungen links liegen zu lassen und stattdessen Bibelversen und Ideologien zu folgen. Wir müssen den Blick auf den Schaden richten, der uns zugefügt wurde und von uns weitergereicht wird. Anteilnahme zeigen. Und uns durch den Glauben leiten lassen. Uns von ihm zeigen lassen, wo sich die Wahrheit Gottes in unserem Körper und in unseren Kämpfen offenbart.
★ ***Schamlosigkeit***

Wie sieht sexuelle Erfüllung aus? Sie ist vergleichbar mit:

Inkarnation
Dankbarkeit und Großzügigkeit
Alle, ohne Ausnahme
Begleitung
Vergebung
Verbindung
Heiligkeit
Poesie
Schamlosigkeit

Diese Prinzipien, die der Glaube uns zur Verfügung stellt, können für uns Wegweiser sein. Sie können uns durch unsere sexuelle Reformation führen, durch die Neudefinition der abgestandenen und bedrückenden Sexualethik, die die Kirche so lange gelehrt hat. Sie können uns dazu führen, gute Haushalter über unseren Körper und den Körper anderer zu werden. Sie können uns Einsicht geben darüber, was wir unseren Kindern über Sex und ihren Körper beibringen und was wir uns selbst über Sex und unseren Körper beibringen. Sie waren schon immer da.

Geht in Frieden. Christus ist bei euch.
Dank sei Gott.

Danksagungen

Ruthie Kolb verdient eine Medaille dafür, dass sie in der Kirche Gespräche über Sex leitet.

Die Dichter Ted Thomas jr. und Pádraig Ó Tuama haben wunderbare Texte geschrieben und mir erlaubt, ihre Werke in diesem Buch abzudrucken.

Die Gebete, die Freundschaft und die Loyalität meiner supersexy und klugen, stürmischen und glaubensvollen, wilden und heiligen „Schutzhecke", Jodi, Rozella, Jes, Neichelle, Emily, Kerlin, Mihee, Jeff, Austin, Rachel, und Winnie, haben mich getragen.

Hooked on Colfax ist nach wie vor ein seltsamer, gastfreundlicher Ort für meinen unverzichtbaren Kaffee und meine Gespräche.

Ivy Overby und Trixie Merkin haben mir Raum in ihren Häusern geliehen, damit ich schreiben konnte.

Und das Größte, das Mutigste, das Hoffnungsvollste war, wie die Leute vom *House for All Sinners and Saints* es wagen zu glauben, dass etwas Besseres möglich ist, und mir erlauben, ihre Geschichten zu hören und zu erzählen.

Und ich danke Ihnen. Jeder von Ihnen ist großartig, ich liebe Sie, und ich verspreche, jetzt über etwas anderes zu reden.